Laurence A. Connors & Blake E. Hayward
Trading für Profis

Laurence A. Connors & Blake E. Hayward

Trading für Profis

Mit welchen Börsentechniken Sie von der Dummheit
vieler Anleger profitieren

Titel der Originalausgabe:
Investment Secrets of a Hedge Fund Manager

Copyright 1995 by Laurence A. Connors and Blake E. Hayward

Published by McGraw Hill Companies

Die Deutsche Bibliothek - CIP-Einheitsaufnahme

Laurence A. Connors, Blake E. Hayward
TRADING FÜR PROFIS
ISBN 3-930851-17-2
TM BÖRSENVERLAG AG
Rosenheim 1997

1. Auflage November 1997
2. Auflage September 1998

INHALTSVERZEICHNIS

Für Karen, Britanny und Alexandra, meine Eltern,
Irving und Barbara Connors, meine Großeltern,
Manuel und Rose Gordon.
L.C.

Für meine Eltern, Roger und Rosalie Hayward.
B.H.

Vorwort zur amerikanischen Ausgabe

Vor einigen Wochen kam meine Frau Karen zu mir ins Büro und sagte mir, daß ihr klargeworden wäre, warum Blake und ich dieses Buch geschrieben haben.

Meine Frau ist eine fanatische Köchin und sieht sich Koch-Shows im Fernsehen an, wann immer es möglich ist. Sie hatte gerade eine Show gesehen, die von einer bekannten Persönlichkeit der Kochszene moderiert wurde. Ohne Namen zu nennen, diese Dame ist für eines ihrer Gerichte berühmt und dadurch äußerst reich geworden.

Nachdem sie dieses Programm einige Minuten gesehen hatte, wurde meiner Frau bewußt, daß die Moderatorin überhaupt nicht kochen konnte. Sie machte Fehler über Fehler, während sie die Zubereitung einer einfachen Speise beschrieb. Meine Frau fragte sich, wie jemand, der nicht einmal des Kochens mächtig ist, vorgeben könne, auf diesem Gebiet ein Experte zu sein.

Wir stellten uns dieselbe Frage über viele Autoren von Trading-Büchern. Die finanzielle Belohnung der Märkte ist enorm, und doch handeln die meisten Verfasser von Investment-Büchern nicht einmal selbst. Der Herausgeber eines großen Verlages sagte uns, daß mehr als 90 Prozent der heutigen Trading-Bücher von Autoren verfaßt worden sind, die ihren Lebensunterhalt nicht mit Trading bestreiten. Obwohl viele dieser Leute den Anschein erwecken, im Besitz des Heiligen Grals zu sein, liegt ihre Haupteinnahmequelle in Bereichen außerhalb des Handels.

Dieses Buch wurde von zwei Personen geschrieben, deren finanzielles Überleben von erfolgreichem Handeln abhängt. Das bedeutet nicht, daß wir alle Antworten hätten. Das heißt nur, daß wir unser Geld nach bestem Wissen einsetzen. Dieses Buch wurde für den Trader geschrieben, dessen Ziel es ist, erfolgreich zu werden. Diejenigen unter Ihnen, die ein Buch voll von Finanztheorie suchen, werden enttäuscht sein. Unsere Intention ist es, dem Leser die Handelsstrategien so einfach wie möglich aufzuzeigen. Wer sich darauf verläßt, daß unsere Strategien in 100% der Fälle erfolgreich sind, wird ebenfalls enttäuscht sein. Neben den gewinnbringenden Trades zeigen wir Ihnen auch die verlustreichen.

Alle Strategien dieses Buches sind urheberrechtlich geschützt. Viele zielen darauf ab, die Marktpsychologie in ihren Extrempunkten auszubeuten. Überdies sind sämtliche unserer Strategien marktneutral. Das heißt, daß sie in bullishen, bearishen und – wichtiger noch – sich seitwärts bewegenden Märkten funktionieren.

Wir wurden von einigen Personen gefragt, ob wir besorgt wären, daß zu viele andere Trader unsere Strategien handeln. Abgesehen davon, daß dies das größte Kompliment wäre, besteht die Tradinggemeinde aus solch intelligenten Individuen, die nicht Wort für Wort kopieren werden. Viele Händler werden ihre eigenen Ideen mit einbringen und die Methoden auf ihre Persönlichkeit hin ausrichten. Das wissen wir aus eigener Erfahrung, und wir befürworten es.

Wir hoffen, daß Sie von diesem Buch profitieren werden. Wenn Sie, nachdem Sie es durchgearbeitet haben, auch nur *eine* neue Strategie hinzugelernt haben, erachten wir unsere Mühe als Erfolg.

Vorwort zur deutschen Ausgabe

Sehr verehrte Leserin, sehr verehrter Leser,

wenn Sie ein Kochbuch durchblättern, kommen Ihnen sicherlich viele Ideen, was Sie demnächst neu ausprobieren möchten und wie Sie Ihre Standardgerichte noch verfeinern bzw. variieren können. Ich würde mich sehr freuen, wenn es Ihnen mit diesem Buch ähnlich ginge.

Die Autoren Laurence A. Connors und Blake E. Hayward erklären Ihnen zahlreiche technische Rezepte, die den Praxistest längst mit Auszeichnung bestanden haben. Dabei beinhalten die Handelskonzepte viele Ansätze, die sich den Trieb der Masse von Anlegern zunutze machen. Warum das so wichtig ist? Bitte überlegen Sie einmal:

Stellen Sie sich Passagiere in einem Schlauchboot vor. Wenn sich einige Passagiere auf die gleiche Seite hinauslehnen, „kann" das Boot kentern. Wenn sich alle auf die gleiche Seite lehnen, „muß" es untergehen. Der Auslöser dieses Kenterns kann ein Windstoß oder eine Welle sein, die Ursache wird jedoch immer das ungleich verteilte Gewicht der Passagiere sein.

Die Börse ist das Meer, in dem die meisten ertrinken, von dem einige wenige jedoch leben. Und einer der Passagiere im Schlauchboot sind Sie! Wenn Sie mit der Masse reagieren, werden Sie auch mit ihr untergehen. Wenn Sie aber agieren, sich dem Fehlverhalten der Herde entziehen können und sich auf Ihre eigenen Beobachtungen bzw. Berechnungen verlassen, erkennen Sie die Gefahrenpunkte schon im Vorfeld. Sie können dann rechtzeitig umsteigen und damit auch das Gepäck (Kapital) der anderen Passagiere auffischen.

Dieses Buch „kann" Sie unabhängig machen. Und damit sollte es Ihren Trading-Stil an der Börse ganz erheblich beeinflussen! Eben als „Trading für Profis".

Ich wünsche Ihnen viel Erfolg!

Ihr

Thomas Müller

Danksagung

Die tiefe Schuld, in der wir den folgenden Personen gegenüber stehen, kann nicht in Worte gefaßt werden. Sie alle haben zu der Realisierung dieses Buches beigetragen und uns nachdrücklich dabei unterstützt.

Kevin Commins und die Angestellten von Probus Publishing – Dank dafür, daß sie zwei Autoren eine Chance gegeben haben.

Derek Gipson – Für seinen unschätzbaren Beistand und seine Ideen, die er in unser Handelssystem eingebracht hat.

Janice Hayward – Für ihre Unterstützung, besonders aber für die kritische Lektüre unseres gesamten Manuskriptes.

Sheldon Natenberg - Für seinen außerordentlichen Beitrag zum Kapitel der historischen Volatilität.

Jared Wise – Für die harte Arbeit hinter den Recherchen. Du hast eine großartige Zukunft vor Dir.

Kevin Armstrong, Vito Chieco und dem Rest der Mannschaft am Z-desk bei Lind-Waldock – Vorzügliche Orderausführungen. Großartiger Service. Was könnte ein Trader noch verlangen?

Unseren Mitdirektoren Dr. Joseph Bassett und Dr. Paul Ruggieri– Dank dafür, daß sie uns bei der Realisierung eines Traumes unterstützt haben; und vor allem für ihre Freundschaft.

KAPITEL I

- DIE HERDE -

"For, whether the prize be a ribbon or a throne
the victor is he who can go it alone. "

John Godfrey Saxe

5. Oktober 1994 - Der Markt hat in den letzten drei Wochen mehr als 200 Punkte verloren. Die Analysten sagen eine weitere Abschwächung um 200 Punkte voraus. Die Gurus nennen dies den Beginn eines neuen Bearmarktes. Die logische Konsequenz ist, seine Aktien zu verkaufen und im Markt short zu gehen. Sechs Handelstage später befindet sich der Dow Jones Industrial Average 130 Punkte höher.

8. Oktober 1993 - Spekulationsfieber packt die Nation. Investoren können gar nicht genug spekulative Werte kaufen. Jeder involvierte Analyst der Wall Street empfiehlt, sich damit einzudecken. Der Gambling Stock Index hat über die letzten neun Monate um mehr als 50% zugelegt, und jeder Analyst der Wall Street rät weiterhin zum Kauf. Sechs Wochen später ist der Index um 15% gefallen. Die Höhen des Oktobers 1993 werden nicht mehr gesehen.

3. Juni 1994 - Der japanische Yen bewegt sich seit Wochen seitwärts. Die meisten Analysten sehen keinen Grund, warum sich der Yen nach oben oder unten bewegen sollte. Zwei Handelstage später ist der Yen über einen Cent gestiegen und erreicht seinen absoluten Höchststand innerhalb der folgenden drei Wochen.

Warum haben sich die Märkte in dieser Weise bewegt, während die allgemeine Meinung das Gegenteil vorhersagte? Der einfachste Weg, darauf eine Antwort zu finden, ist, die Funktion der Specialists an der New Yorker Börse zu betrachten.

16

Einige der größten Gewinner dieses Spiels sind die Specialists. Schauen Sie sich nur ihren Job an. Deren Aufgabe ist es, Aktien zu kaufen, wenn jeder andere verkauft, und Aktien zu verkaufen, wenn jeder andere kauft. Wenn jeder kauft, passiert das offensichtlich wegen eines positiven Umfeldes, und wenn jeder verkauft, passiert das offensichtlich, weil die Umstände negativ sind. Logischerweise sollten diejenigen, die aus diesen Gründen investieren, die Gewinner sein, und nicht die Specialists. Dies ist allerdings nicht der Fall. Es wurde berichtet, daß der durchschnittliche Specialist Einkünfte von über 40 Prozent erzielt – jahrein, jahraus. Sie befinden sich beständig abseits der Herde und jenseits der sogenannten „Logik".

Die größten Vermögen an der Wall Street und an den Futures-Märkten werden von Personen gemacht, die sich die Herdenmentalität des Marktgeschehens nutzbar zu machen wissen. Diese Leute werden als Gegenläufer gesehen, was allerdings nur einen Teil des Puzzles darstellt. Mehr noch ist es entscheidend, eine spezielle Handelsstrategie zur Ausbeutung der Märkte zu haben, genauso wie eine Handelsmethodik, die in allen Märkten einsetzbar ist.

Zu viele Tradingstrategien funktionieren nur in einem bestimmten Markttypus. Die besten arbeiten in allen Märkten. Ein Beispiel dafür ist das System, das von einem bekannten Vermögensverwalter von den späten 70ern an bis Mitte der 80er benutzt wurde. Dieser Trader machte ein Vermögen mit einer Strategie, die im Grunde ein Congestion-Breakout-System war. In den Jahren, in denen er seine Millionen verdiente, durchlief der Markt einige große Trends. Unvorteilhafterweise traten in den späten 80ern und in den frühen 90ern Märkte auf, die voll von falschen Breakouts und längeren Congestionperioden waren. Die Dinge entwickelten sich so nachteilig für seine Methodik, daß er gezwungen war, sich aus dem Geldmanagement zurückzuziehen. Das Beispiel soll die Errungenschaften dieses Händlers keinesfalls herabwürdigen. Er war in einem Jahrzehnt erfolgreicher als die meisten Trader es in ihrem gesamten Leben sein werden. Die Lektion, die daraus gezogen werden soll, ist, daß ihm eine Strategie fehlte, die die Märkte der späten 80er und frühen 90er ausnutzen konnte.

Das gleiche Szenario trifft auf die Wall Street zu. Strategien kommen und gehen. In den 80er Jahren war Value Investing in Mode. Cash Flow und Breakup Value waren die Favoriten. Dies endete 1989. Seit dieser Zeit ist Momentum Investing angesagt. Kaufe Aktien, die neue Höhen machen, verkaufe die Nieten. Vermutlich wird auch diese Modeerscheinung vorübergehen.

Andere Marotten kommen und gehen. Biotechnologie-Aktien waren von Ende 1990 bis Anfang 1992 der letzte Schrei. In der Gesamtheit betrachtet, legten die Preise in jener Zeit um über 150 Prozent zu. Der 28jährige Manager des Fidelity Biotechnologie Fonds wurde von der Presse als Finanzgenie in den Himmel gelobt. Das Geld schoß förmlich in diese Fonds hinein. Wie vorauszusehen war, stürzten die Preise der Biotechnologiewerte in den nächsten zwölf Monaten, und viele derer, die Ende 1991 Aktien dieser Unternehmen kauften, sitzen heute noch auf ihren Verlusten. Die Investoren verfügten ungünstigerweise über Strategien, die einzig und allein von einem Bull-Markt in einem bestimmten Sektor abhängig waren.

Die Strategien, die Ihnen dieses Buch vermittelt, sind nicht marktabhängig. Kombiniert werden sie Ihnen gleichermaßen erlauben, aus bullishen Märkten, bearishen und sich seitwärts bewegenden Märkten Profit zu schlagen. Wir haben Strategien zusammengefaßt, die die Märkte abschöpfen, die verschiedene psychologische Stufen durchlaufen. Unsere Methoden wurden anhand von Vergangenheitsdaten getestet und werden außerdem tagtäglich von uns eingesetzt. So hätten Sie die vorgenannten Strategien auch verwendet, um die drei Beispiele am Beginn des Kapitels auszunutzen.

Die Strategien dieses Buches basieren auf der Überzeugung, daß menschliche Emotionen manchmal irrational sind. Wir haben versucht, historisch überprüfte Methoden anzuwenden, die das irrationale Verhalten für finanzielle Zwecke einsetzen. Außerdem sind alle von uns vorgestellten Techniken kurzfristiger Natur. Wir glauben nicht, daß eine Marktausrichtung längerfristig in angemessener Form vorhergesehen werden kann. Überdies ist die hier aufgezeigte Tradingmethodik einzigartig. Das wird Ihnen den Vorsprung gegenüber der Masse von Händlern geben, die weiterhin die gleichen, abgenutzten Strategien anwenden.

Bevor wir fortfahren, haben wir eine Anmerkung zu einigen Ansichten zu machen. Die Futures-Märkte und Wall Street sind voll davon. Leider sind individuelle Meinungen nicht mehr als qualifiziertes Raten. Die Prämisse unserer Methodik ist die folgende: Eine Meinung kann nicht quantitativ erfaßt werden und ist dadurch für das Vorhersehen von Marktbewegungen nutzlos.

Der Aufbau dieses Buches

Kapitel 2, News Reversal, ist unser favorisiertes Kapitel. Dieses Kapitel wird Ihnen zeigen, wie Sie Zeitpunkte identifizieren, in denen die Masse die Auswirkungen von Nachrichten falsch einschätzt. Die in den Futures- und Aktien-Märkten möglichen Gewinne dieser Strategie sind hoch und schnell zu erreichen.

Kapitel 3, Connors-Hayward Historical Volatility System, beinhaltet einen der aufregendsten Indikatoren, mit denen wir handeln. In diesem Kapitel werden Sie auf Möglichkeiten aufmerksam gemacht, kurz vor einem Ausbruch stehende Märkte zu erkennen. Während jeder andere die Situation ignoriert, werden Sie an dem Aufschwung teilhaben. Die potentiellen Profite durch solche Bewegungen sind enorm. Soweit uns bekannt ist, hat niemand sonst die Historische Volatilität dergestalt benutzt, wie sie in diesem Buch beschrieben wird.

Kapitel 4 beschreibt eine Strategie, die wir **Undeniables** nennen. In diesem Kapitel werden Sie Indexbereiche zu identifizieren lernen, die direkt vor kurz- bis mittelfristigen Trendwenden stehen.

Kapitel 5 ist das **Connors-Hayward Advance-Decline Trading Pattern (CHADTP).** Advance-Decline-Linien werden seit Jahren eingesetzt, um überkaufte oder überverkaufte Bedingungen im Aktienmarkt zu bestimmen. Jedoch hat bis heute niemand einen speziellen Einstiegspunkt benutzt, um sich bei einer Wende gewinnbringend in diesen Märkten zu engagieren. Das Kapitel wird Sie mit dem Erkennen von überkauften oder überverkauften Bedingungen vertraut machen, damit Sie dort einsteigen und die Marktpanik und Euphorie in ihren Extrempunkten erfolgreich verwendet werden können.

Kapitel 6, Neue Märkte, Neue Indikatoren, zeigt Ihnen, wie in den Globex-Märkten zu handeln ist, wie der VIX-Indikator anzuwenden ist und wie der NASDAQ 100-Index als führender Indikator für den S&P 500-Futures-Markt und für den Dow Jones Industrial Average fungiert.

In **Kapitel 7 und 8, Warum die meisten Trader verlieren** und **Überleben des Stärksten,** lernen Sie die Geld-Management-Strategien und die Psychologie, die Sie brauchen, um ein Top-Trader zu werden.

Kapitel 9, Resümee, zeigt auf, wie ein Handelsplan erstellt wird, der die Methoden dieses Buches berücksichtigt.

Und jetzt zu den Strategien ...

KAPITEL II

- NEWS REVERSAL™ -

"Look before you leap."

anonym

Eine unserer interessantesten und profitabelsten Handelsstrategien tritt in Kraft, wenn Märkte bei positiven Nachrichten
mit einem Gap nach oben eröffnen oder bei negativen Nachrichten mit einem Gap nach unten eröffnen und anschließend
drehen. Wir nennen diese Tradingmethode *News Reversals*,
weil erst eine bedeutende Nachrichtenmeldung ein Signal
auslöst. Diese Strategie ist das Synonym für das Ausnutzen
der Herdenmentalität.

Lassen Sie uns ein hypothetisches Beispiel im Sojabohnenmarkt nehmen. Nachdem der Markt geschlossen hat, wird ein
Erntereport veröffentlicht, der von einem Engpaß bei Sojabohnen berichtet, was sich bullish auf den Sojabohnenhandel
auswirkt. Analysten und Experten geben daraufhin sehr positi-
ve Statements bezüglich dieser Nachricht ab. Es entsteht eine
Kaufeuphorie vor der Eröffnung, was die Preise in die Höhe
treibt. Dieses Gap-Opening verursacht ein kurzzeitig
überkauftes Umfeld. Anstatt wie erwartet zu steigen, sinken
die Preise jedoch. Dieses Verkaufen bedingt weitere Verkäufe. Professionelle Marktteilnehmer kommen an den Markt, kaufen aber schon zu Kursen, die über Vortagesniveau liegen.
Leerverkäufer lecken Blut und drücken die Preise noch tiefer.
Die Spekulanten, die ausschließlich von steigenden Preisen
überzeugt waren, verfallen in Panik. Eine mächtige Verkaufswelle tritt auf, die die Preise noch weiter fallen läßt. Die Handelsstrategie, die dieses Szenario ausnutzt, kann einem einzelnen
in sehr kurzer Zeit Tausende von Dollar einbringen.

Hier sind die Regeln:

Regel Nr.1: Händler sollten auf ein extrem bullishes oder bearishes Ereignis warten, was auftritt, nachdem der Markt geschlossen ist. Für Futures-Trader kann dies ein Erntereport, Viehreport, Wirtschaftsbericht, Wetterbericht usw. sein. Aktienhändler sollten Meldungen über Unternehmensgewinne, Übernahmegerüchte oder Empfehlungen von Brokerhäusern in Betracht ziehen.

Regel Nr. 2: Der Markt muß mit einem Gap über oder unter dem High oder Low des vorangegangenen Tages eröffnen, damit ein Signal auftritt.

Regel Nr. 3: Bei Eröffnungen mit einem Gap nach oben setzen Sie einen Sell-Stop einen Tick unter dem Vortageshoch. Bei Eröffnungen mit einem Gap nach unten plazieren Sie einen Buy-Stop einen Tick über dem Vortagestief. Beachten Sie: Aktien können nicht via Buy-Stop gekauft werden. Die Order muß manuell ausgeführt werden.

Regel Nr. 4: Nachdem Ihre Order ausgeführt wurde, sollten Sie Ausstiegs-Stops am Eröffnungspreis des derzeitigen Handelstages setzen. Wenn sich die Preise in Ihre Richtung bewegen, sollten die Stops zur Gewinnsicherung angepaßt werden.

Anhand folgender Beispiele soll illustriert werden, warum wir diese Tradingstrategie für so profitabel erachten.

Beispiel Nr. 1: Dieses Beispiel ist eines unserer bevorzugten, weil es sich perfekt aufbaut.

Am 8. November 1994 wird politische Geschichte geschrieben, als die Republikaner zum ersten Mal seit 40 Jahren die Kontrolle über den Senat und das Repräsentantenhaus gewinnen. Daraufhin schießen am nächsten Morgen der Dollar und der Bond-Markt in die Höhe. Eine Kaufpanik für Aktien entsteht vor dem Opening. „Steuersenkungen ... weniger staatliche Regulationen ... kauft Pharma- und Rüstungsaktien" ertönt der Kampfschrei vor Handelsbeginn. Ein Nachrichtensender präsentiert einen Marktstrategen, der einen um 25 Punkte höher eröffnenden Dow prophezeit. Einige Minuten später läßt ein anderer verlauten, der Dow beginne mindestens 35 Punkte höher.

Um 9.30 Uhr (EST) eröffnet der S&P 500 mit einem Gap von 4.65 nach oben, und binnen neun Minuten ist der Dow bei enormem Umsatz um 38 Punkte gestiegen. Die Hälfte unseres News Reversal Patterns ist nun schon aufgebaut. Wie so oft, kehrt sich die Markteuphorie in Untergangsstimmung um. Anstatt den Kursanstieg fortzusetzen, bröckelt der Markt ab. Eine Sell-Short-Order wird 468.70 getriggert, einen Tick unter dem Vortageshoch. Eine Buy-Stop-Order wird am Tageseröffnungskurs von 471.60 zur Absicherung gesetzt. Der Markt bewegt sich etwa eine Stunde seitwärts, bevor die nächste Verkaufswelle auftritt. Der S&P 500 befindet sich nun acht Punkte unter dem zweieinhalb Stunden zuvor erreichten Hoch. Der Dow, der nahezu 40 Punkte höher gelegen hatte, notiert nun mehr als 20 Punkte tiefer.

Abhängig von der eingesetzten Trailing-Stop-Order konnte ein Händler hier in weniger als 90 Minuten über $ 2.500 Profit pro Kontrakt realisieren.

Beispiel 1

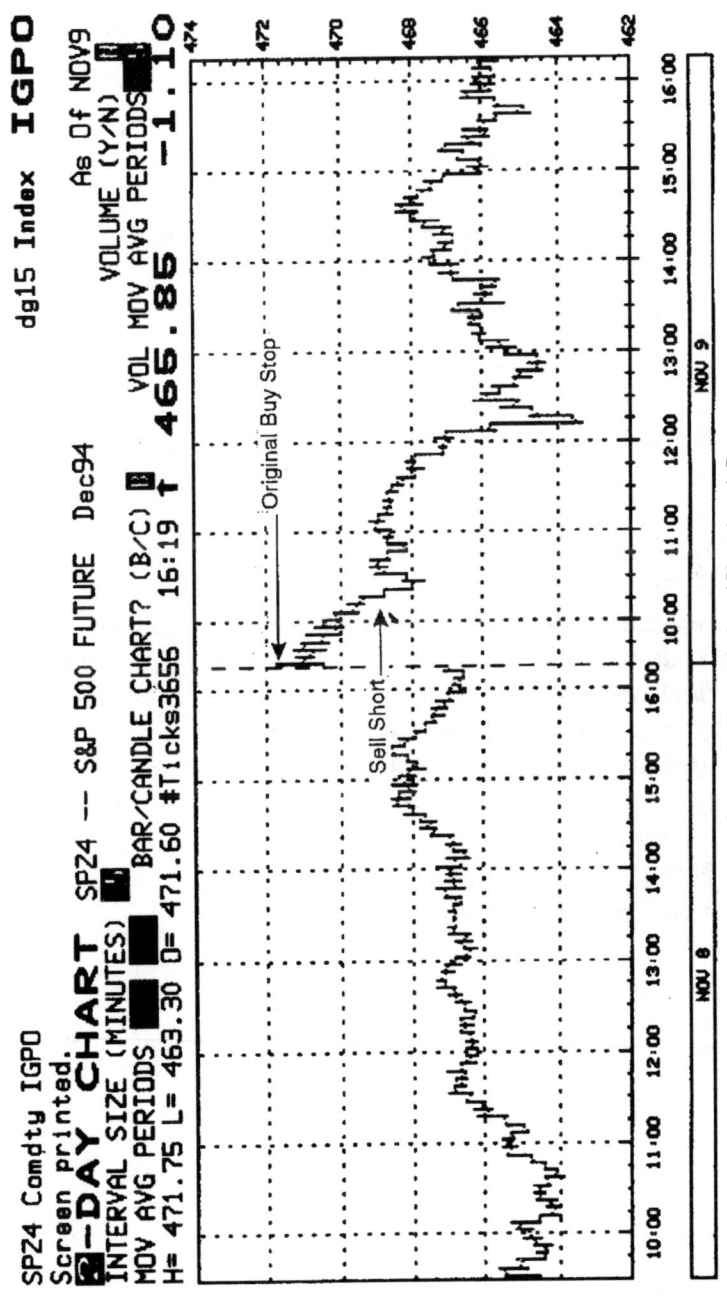

Beispiel Nr. 2: Der Kaffeemarkt befand sich 1994 aufgrund von Dürrebefürchtungen in einem großen Aufwärtstrend.

Am Montag, 17. Oktober, wird spekuliert, daß der Dezember-Kaffee-Kontrakt aufgrund der am Wochenende aufgetretenen Regenfälle 5 bis 7 Cents tiefer eröffnen wird. Tatsächlich ist das Opening 9.35 Cents tiefer als das Close des Freitags, der Kurs dreht aber sofort darauf. Ein Buy-Stop wird bei 185.80 plaziert, einen Tick über dem Freitagstief. Um 11.40 Uhr (EST) wird ein News-Reversal-Kaufsignal getriggert. Sofort wird ein Sell-Stop bei 179.00 gesetzt (dem Tageseröffnungskurs). 20 Minuten später schießt der Markt nach oben und schließt bei 203.85, was einen Tagesprofit von etwas mehr als $ 6.750 pro Kontrakt bedeutet.

Beispiel 2

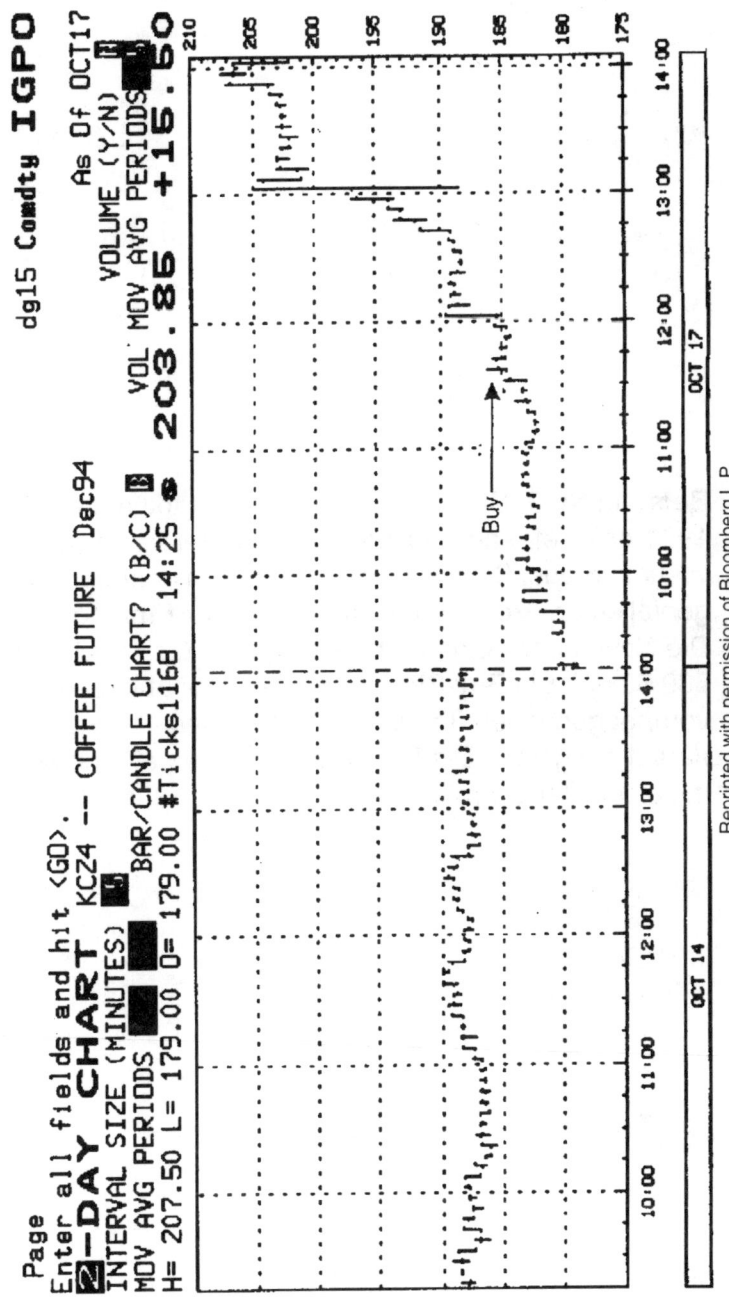

Reprinted with permission of Bloomberg L.P.

29

Beispiel Nr. 3: Bevor der Sojabohnenmarkt am 20. Oktober 1994 eröffnet, sagt der nationale Wetterdienst trockeneres Wetter voraus. Dieses wird den Farmern erlauben, nach Regenfällen am Beginn der Woche mit der Ernte fortzufahren. Die November-Sojabohnen weisen ein Gap nach unten bei 539.60 auf. Ein Buy-Stop wird einen Tick über dem Low des vorangegangenen Tages bei 540.75 gesetzt und wird kurz darauf ausgelöst. Die Preise ziehen stark an und schließen mit einem Tagesprofit von 8 3/4 Cents bei 549.50.

Beispiel 3

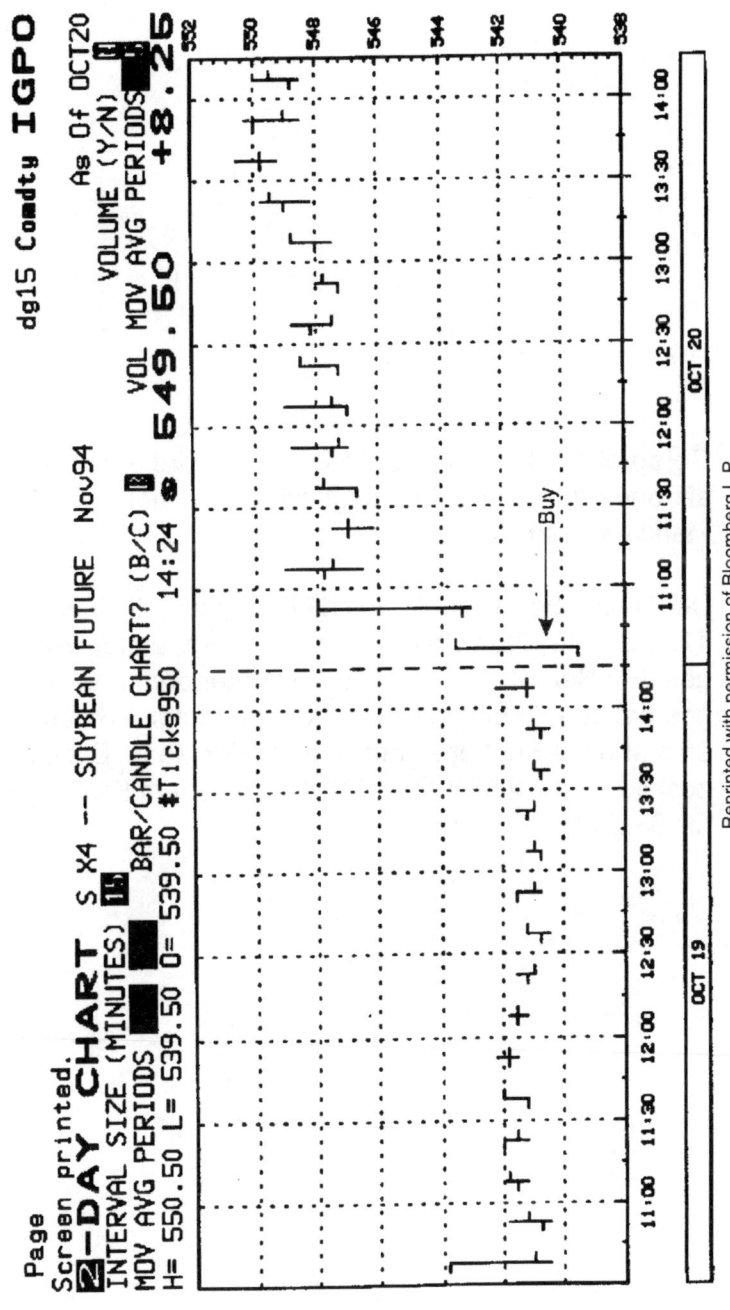

Reprinted with permission of Bloomberg L.P.

Beispiel Nr. 4: Am 4. November 1994 wird aufgrund besser als erwarteter Beschäftigungszahlen ein höher eröffnender Markt vorausgesagt.

Der Dezember-Kontrakt des S&P beginnt mit einem Gap bei 470.20, 140 Ticks über dem Close des letzten Handelstages. Ein Sell-Stop wird einen Tick unter dem Low des Vortages bei 469.75 gesetzt. Nachdem die aufgrund des Reports entstandene Euphorie abflaut, dreht der Markt. Er beginnt abzusinken und schließt bei 462.40, mit einem Profit von mehr als $3.500 pro Kontrakt.

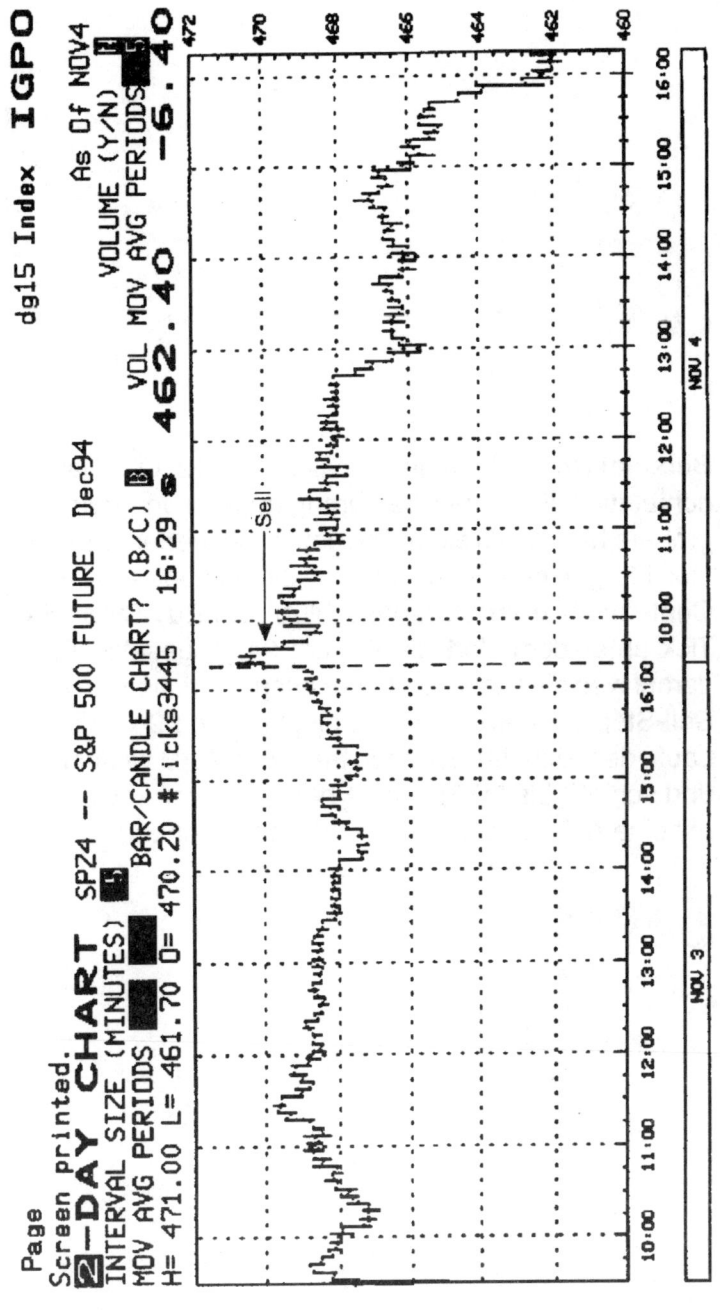

Beispiel 4

Reprinted with permission of Bloomberg L.P.

Beispiel Nr. 5: Nach dem Schluß vom 12. Oktober 1994 berichtet die USDA, daß der Orangenanbau in Florida eine viel größere Menge als eigentlich geplant abwerfen wird. Am nächsten Morgen eröffnet der Januar-Orange-Juice bei 94.00, 2.35 Cents unter dem Vortagesschluß. Ein Buy-Stop wird einen Tick unter dem Vortagestief bei 94.35 gesetzt. Fast sofort darauf wird die Buy-Stop-Order ausgeführt, und ein Protective-Sell-Stop wird am Tagesopeningkurs von 94.00 plaziert. Im Laufe der nächsten Stunden treibt der Markt weiter nach oben und schießt bis 99.75 Cents herauf, bevor er sich bei 99.25 mit einem Tagesprofit von 4.90 Cents einpendelt.

Beispiel 5

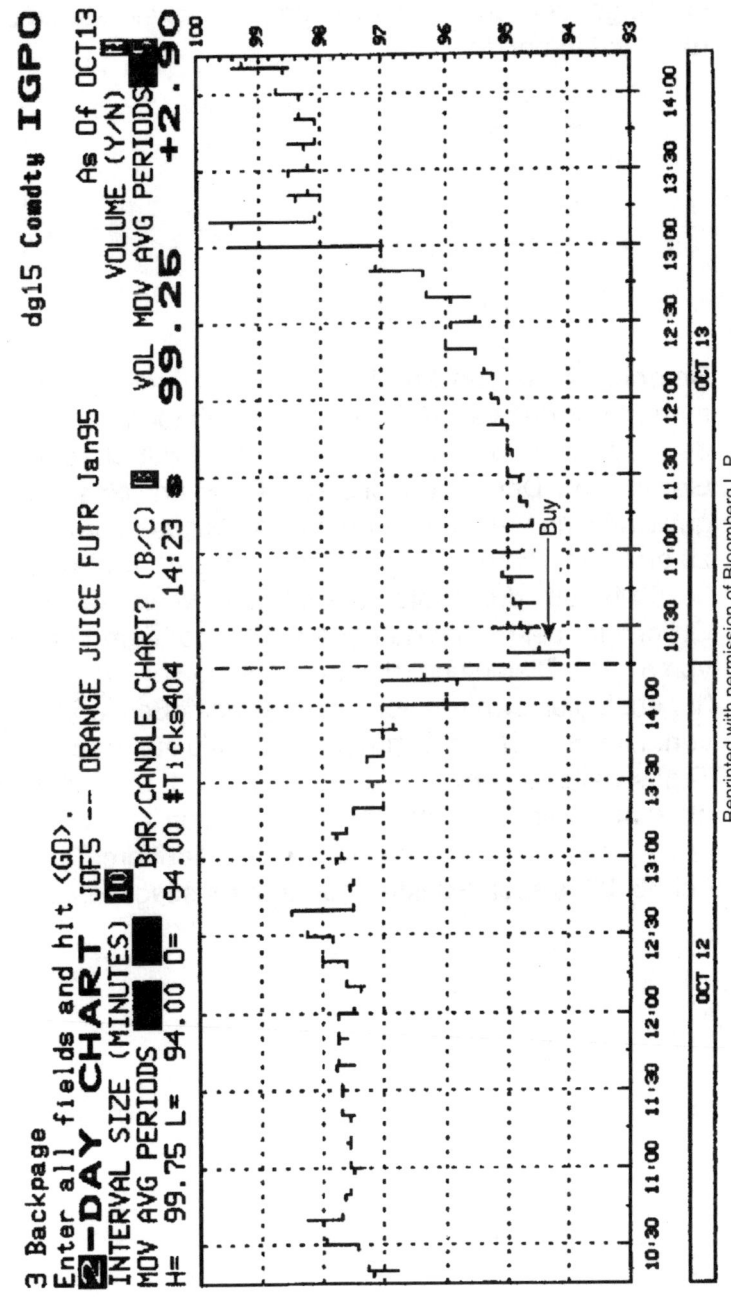

35

Die folgenden drei News-Reversal-Beispiele stammen aus
dem Aktienmarkt.

Beispiel Nr. 6: Am 26. Januar 1994 kündigt Clark Equipment, eines der weltgrößten Maschinenbauunternehmen, vor
dem Opening unter der Erwartung der Wall Street liegende
Gewinne an. Der Specialist braucht aufgrund eines Ungleich-
gewichtes an Verkaufsorders fast 45 Minuten, um die Aktien
zu eröffnen. Die Aktie eröffnet schließlich 1 1/8 Punkte tiefer
bei 50 1/4 und dreht sofort darauf. Eine News-Reversal-Buy-
Order wird bei 51 3/8 getriggert, 1/8 über dem Vortageslow
von 51 1/4. Diejenigen, die am Opening von 50 1/4 verkauft
haben, fühlen sich wie vor den Kopf gestoßen, und die Leerverkäufer fühlen den Schmerz. Die Aktie steigt im Laufe des
Tages weiter an und schließt bei 52 3/8, 1 1/8 Punkte höher
als zum Vortagesschluß. Über die nächsten Tage hinweg führt
der Wert seinen Höhenflug fort und schließt drei Tage später
bei 58 3/8, sieben Punkte über dem Einstiegspunkt.

Beispiel 6

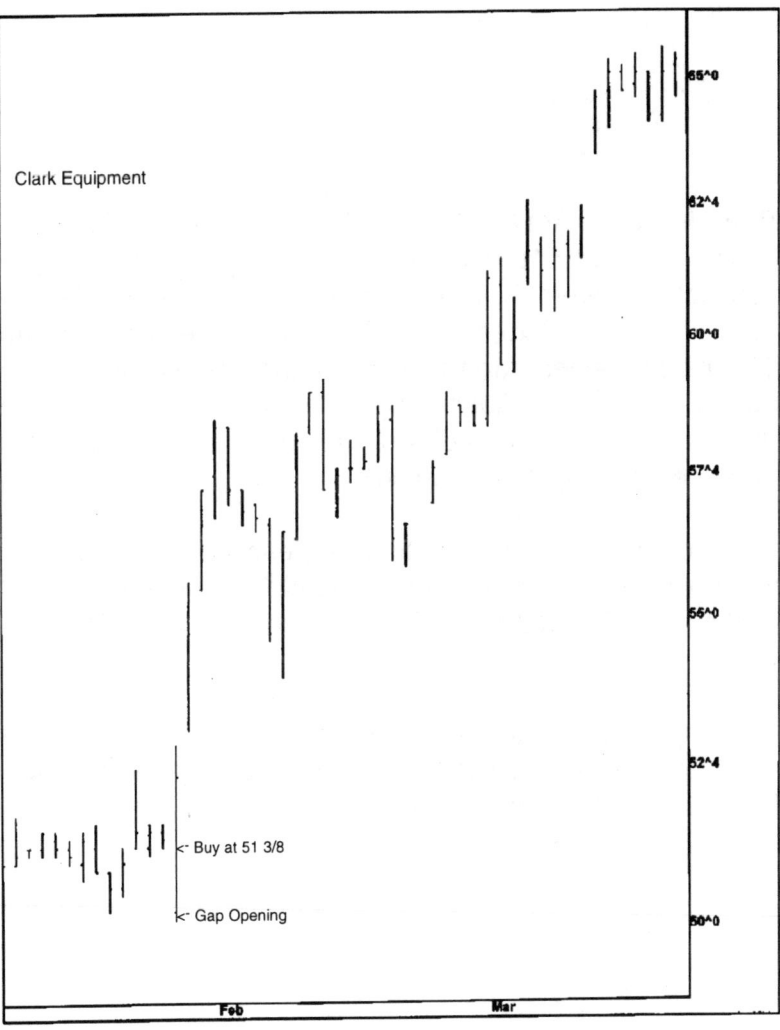

Clark Equipment

<- Buy at 51 3/8

<- Gap Opening

Reprinted with permission of Omega Research Inc.

Beispiel Nr. 7: Am 8. Oktober 1993 gibt Hoechst Celanese bekannt, einen 51prozentigen Anteil an Copley Pharmaceutical zu erwerben, einem Unternehmen, dessen Aktienkurs sich in den letzten zwölf Monaten verdreifacht hat. Am 11. Oktober, einem Montagmorgen, eröffnen Copley-Aktien bei 53, 3 1/4 Punkte über dem Close vom Freitag. Der Markt dreht, und ein Leerverkauf wird bei 49 7/8 durchgeführt (1/8 unter dem Freitagshoch von 50).

Die Shortposition wird bei 53 (dem Tagesopening) eingedeckt, wenn wir falsch liegen. Der Markt sinkt allerdings ab und schließt bei 46, was einen Tagesgewinn von 3 7/8 Punkten bedeutet.

Der längerfristige Sell-Off verläuft dramatischer. Nach unserem News Reversal verliert die Aktie weitere 24 Punkte innerhalb der folgenden vier Monate.

Beispiel 7

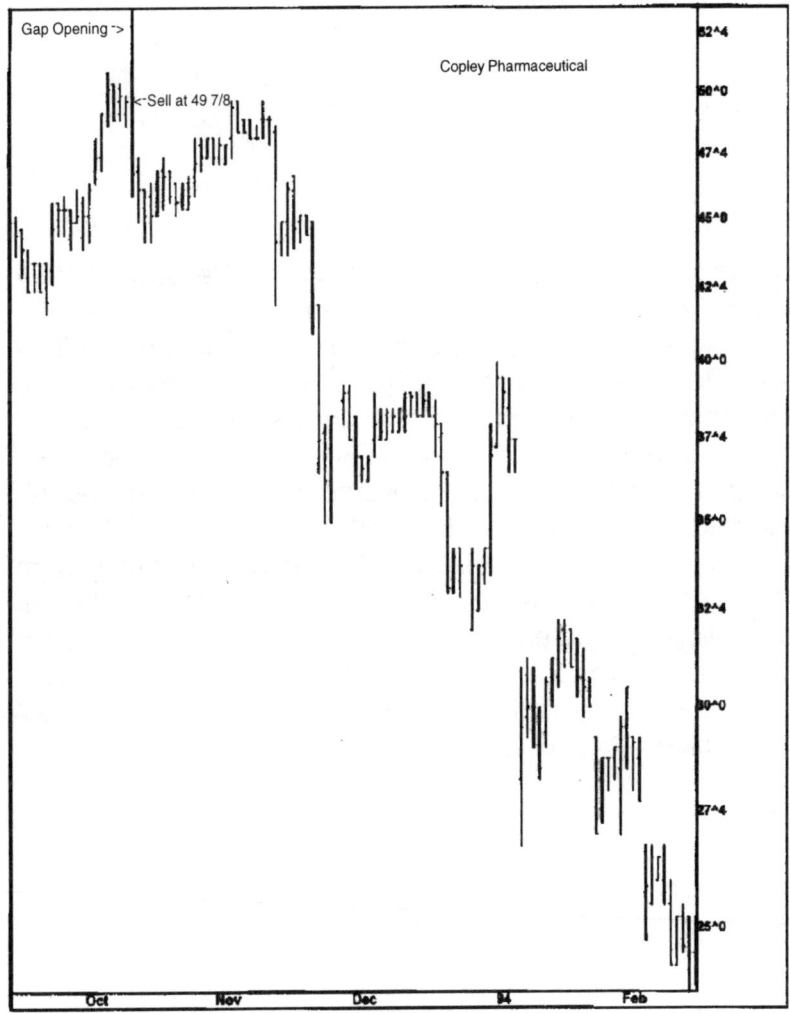

Reprinted with permission of Omega Research Inc.

39

Beispiel Nr. 8: Nach dem Closing am 14. September 1994 kündigt Federal Express Gewinne an, die weit über den Erwartungen der Wall Street liegen. Vor der Eröffnung am nächsten Morgen korrigieren eine Reihe von Brokerhäusern ihre Meinung nach oben oder erhöhen ihre Gewinnschätzung für dieses Unternehmen. Nach einer 30minütigen Verzögerung, bedingt durch eine Flut von Kauforders, eröffnet Federal Express 7/8 Punkte über dem Vortageshoch. Ein Sell-Short-Stop wird bei 70 1/8 gesetzt, 1/8 Punkt (einen Tick) unter dem Vortageshoch. Die Aktie steigt bis auf 72 1/8 an und dreht anschließend. Sie endet mit einem Close von 67 3/4, einem Tagesverlust von 2 1/2 Punkten. Der Sell-Off setzt sich über die nächsten drei Tage fort und drückt den Wert um weitere 7 3/4 Punkte.

Beispiel 8

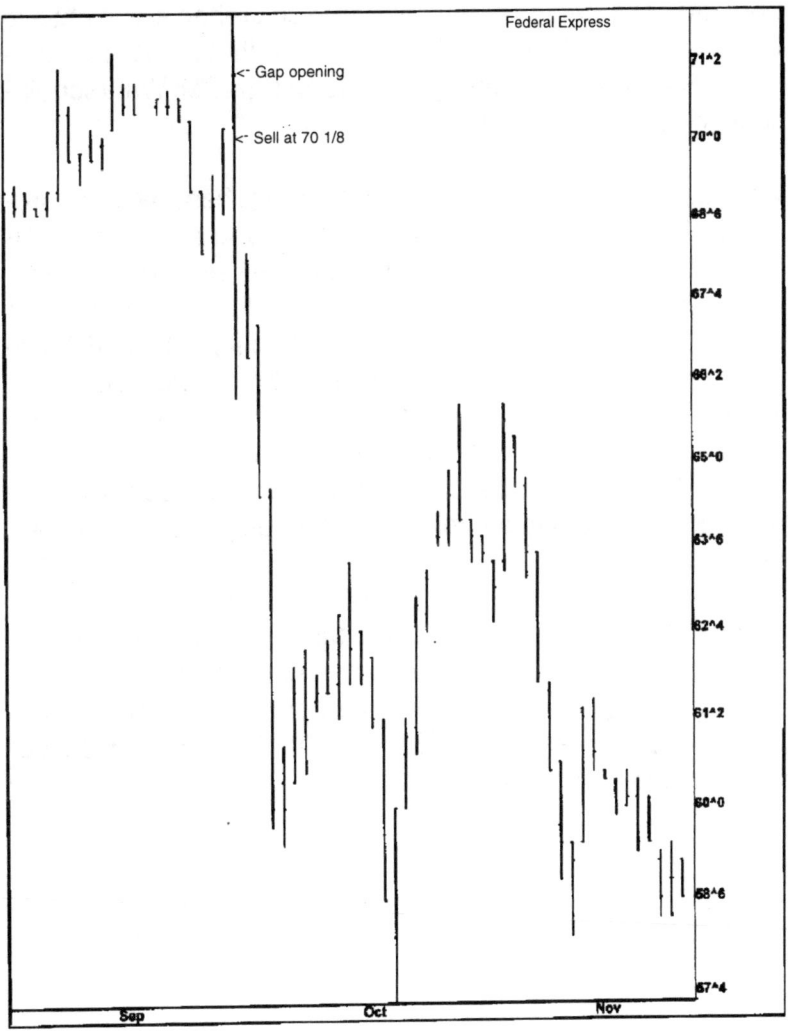

Reprinted with permission of Omega Research Inc.

Zusammenfassung

Wie Sie sehen, können News Reversals eine äußerst profitable Tradingstrategie darstellen. Natürlich drehen sich nicht alle Gaps, die aufgrund von Nachrichten auftreten. Wenn allerdings Reversals auftreten, sind sie mit großer Wahrscheinlichkeit gewinnbringend.

Wir haben über eine Periode von fünf Wochen, die sehr profitabel war, Beispiele aus dem Futuresmarkt ausgewählt. Alles in allem haben unsere Untersuchungen ergeben, daß korrekt gehandelte News Reversals in etwa 70 Prozent der Fälle einträglich sind. Da der potentielle Einfluß jeder Nachrichtenmeldung subjektiv ist, werden die Ergebnisse von Trader zu Trader leicht variieren. Aggressive Händler werden jede Meldung als Anlaß sehen, diese Strategie zu benutzen. Konservative Händler hingegen werden abwartender sein und nur aufgrund solcher Nachrichten handeln, die sie als signifikant erachten.

Die wichtigste Lektion dieses Kapitels ist die folgende: Wenn der Kurs aufgrund guter Nachrichten nicht steigt, wird es abwärts gehen, und wenn der Kurs aufgrund schlechter Nachrichten nicht runter geht, wird er steigen. News Reversals beweisen dies.

KAPITEL III

- CONNORS-HAYWARD HISTORICAL VOLATILITY SYSTEM™ -

*"The great mistake is to anticipate
the outcome of the engagement.
Let nature take its course, and your tools
will strike at the right moment."*

Bruce Lee

Wir prophezeien, daß der Gebrauch der Historischen Volatilität
einer der Wachstumsbereiche für die Untersuchung der Finanz-
märkte der späten 90er sein wird. Bis heute hat sich die Anwendung der Historischen Volatilität hauptsächlich auf den Options-
markt beschränkt, jedoch haben wir herausgefunden, daß sie
gleichermaßen in Futures- wie auch in Aktienmärkten Anwendung finden kann.

Historische Volatilität wird definiert als die Standardabweichung
der täglichen Preisänderungen, die in einem auf das Jahr bezo-
genen Prozentsatz ausgedrückt wird. Einfacher gesagt, gibt sie
den Grad der Preisfluktuationen in einer bestimmten Zeitperiode
an. Am besten wird dies anhand eines Beispieles erklärt. Wenn
eine Aktie bei $50 gehandelt wird und eine 1-Jahres-Historische-
Volatilität von 10 Prozent aufweist, bedeutet das, daß die Aktie
zum Ende der einjährigen Periode in 68 Prozent der Fälle zwischen 45 und 55 gehandelt wurde. Ein 10-Tages-Historischer-
Volatilitätswert würde aussagen, daß die auf das Jahr bezogene
Bandbreite innerhalb der letzten zehn Tage in 68 Prozent der
Fälle zwischen 45 und 55 läge (eine Standardabweichung).
(Weitere Informationen über Volatilität und die Berechnungen der
Historischen Volatilität finden Sie im Anhang.)

Ein hoher Volatilitätswert bedeutet, daß das zugrundeliegende
Papier extrem volatil ist; ein niedriger Volatilitätswert signalisiert
eine nur geringe Volatilität.

Wie bereits erwähnt, benutzen die meisten Marktteilnehmer Volatilitätswerte, um Optionen zu handeln. Professionelle Trader versuchen, historisch billige Optionen zu kaufen und Optionen mit historisch hoher Volatilität zu verkaufen. Unser Ansatz ist ein anderer. Wir benutzen die Historischen Volatilitätswerte, um große Auf- und Abschwünge bei Aktien und Futures herauszufiltern. Unsere Untersuchungen haben ergeben, daß, wann immer ein 10-Tages-Historischer-Volatilitätswert die Hälfte oder weniger seines 100-Tages-Historischen-Volatilitätswertes erreicht, eine große Bewegung in diesem Markt ansteht.

In seinem Buch „Option Volatility and Pricing" zeigt Sheldon Natenberg auf, daß Volatilität eine Tendenz zur Mittelwertumkehrung aufweist. Danach wird eine kürzerfristige Volatilität die Tendenz haben, sich wieder an ihren längerfristigen Wert anzupassen. Wenn zum Beispiel die 100-Tages-Historische-Volatilität 30 Prozent und die 10-Tages-Historische-Volatilität 14 Prozent beträgt, wird der 10-Tages-Wert sich wahrscheinlich wieder zu 30 Prozent hinbewegen. Damit das passiert, muß sich der Markt stark bewegen; und meistens wird sich diese Bewegung in eine bestimmte Richtung vollziehen. Während wir auf ein Absinken der 10-Tages-Historischen-Volatilität auf die Hälfte oder weniger des 100-Tages-Wertes warten, identifizieren wir im Grunde einen Markt, der von einem hohen Maß an Selbstzufriedenheit geprägt ist. Während die anderen schlummern und diesen Markt ignorieren, baut sich eine riesige Bewegung auf.

Lassen Sie uns die folgenden Beispiele als weiteren Beweis dieses Phänomens in Betracht ziehen. Die ersten vier Beispiele werden Ihnen das Potential dieses Indikators verständlicher machen. Anschließend werden wir im Getreidemarkt (Sojabohnen), Währungsmarkt (Yen), und anhand eines Index im Aktienmarkt (Philadelphia-Gold-und-Silver-Stock-Index) jeden Trade in einer dreijährigen Zeitspanne durchgehen.

Beispiel Nr. 1: Unser erstes Beispiel zeigt den Nikkei 225 Index.

Am 13. Mai 1994 fällt die 10-Tages-Historische-Volatilität (H. V.) für den Nikkei 225 auf 10.90 Prozent, während sich die 100-Tages- H. V. bei 25.63 bewegt. Da der 10-Tages-Wert weniger als die Hälfte des 100-Tages-Wertes beträgt, wird ein Signal für eine große bevorstehende Bewegung gegeben. Der Nikkei bewegt sich einige Tage seitwärts, bevor er innerhalb der folgenden vier Wochen um über 1300 Punkte ansteigt.

Beispiel 1 - Nikkei 225 Index

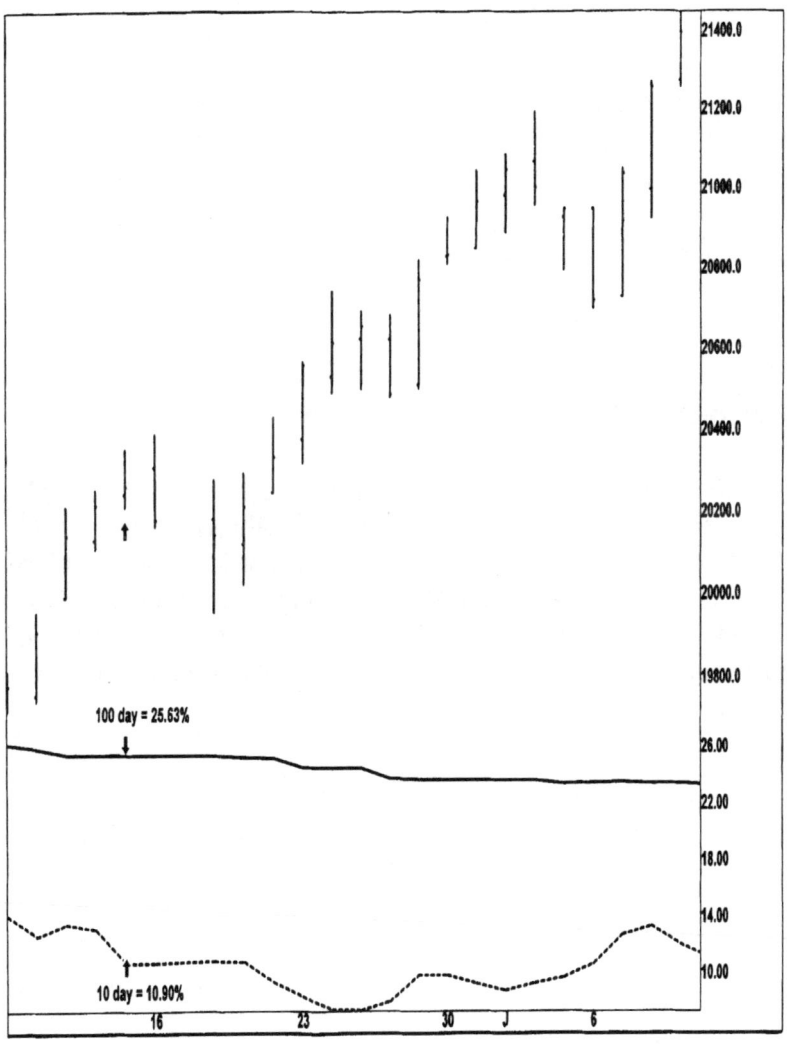

Reprinted with permission of Omega Research Inc.

47

Beispiel Nr. 2 stammt aus dem Aktienbereich.

Am 28. August 1994 weist Chiron, ein Biotechnologie-Unternehmen, eine H. V. von 19.11 Prozent auf, während sich der 100-Tages-Wert bei 40.88 Prozent befindet. Hierdurch wird ein Signal ausgelöst. Zwei Handelstage später notiert Chiron fast vier Punkte höher. Neun Tage später steht der Wert über zwölf Punkte höher, was einen Anstieg von 20 Prozent in zwei Wochen bedeutet.

Beispiel 2 - Chiron

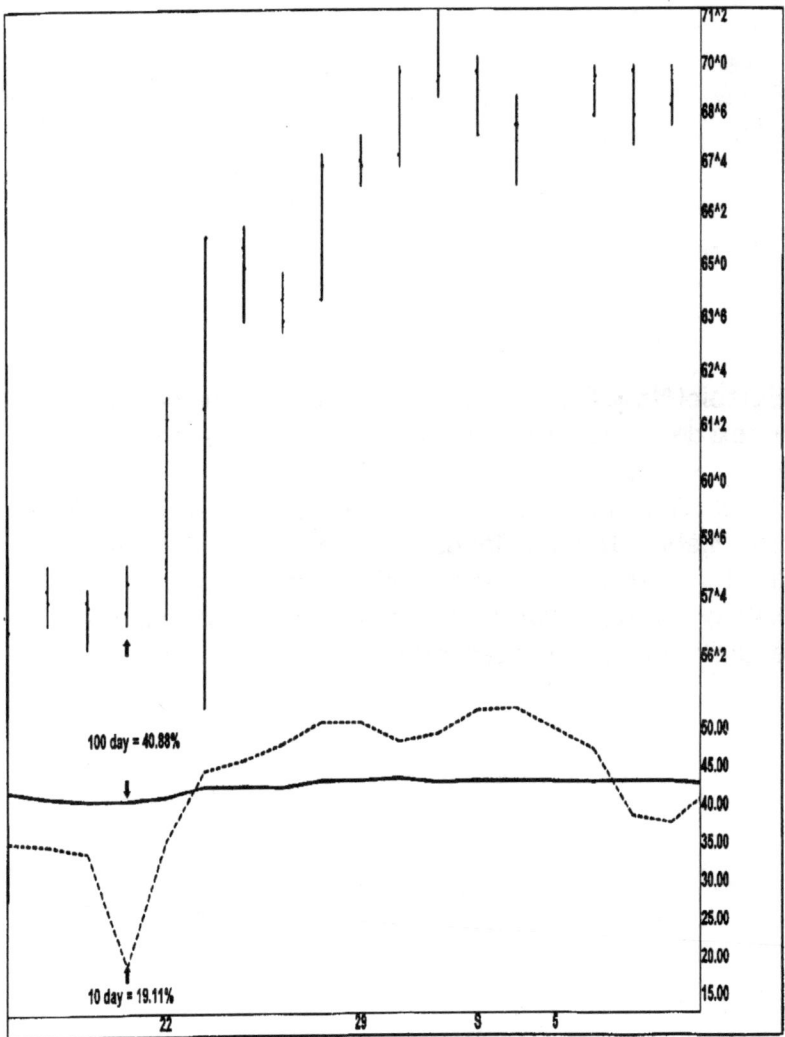

Reprinted with permission of Omega Research Inc.

Beispiel Nr. 3: Dieses Beispiel zeigt den Computer Technology Index, der an der American Stock Exchange gehandelt wird.

Am 28. September 1994 liegt die 10-Tages-H.-V. bei 8.00 Prozent, während die 100-Tages-H.-V. sich bei 17.26 Prozent befindet. Ein paar Tage später schließt der Index bei einem Tief von 142.92 Punkten. Während der nächsten vier Wochen schnellt er um mehr als 15 Prozent bis auf 164.93 nach oben.

Beispiel 3 - Computer Technology Index

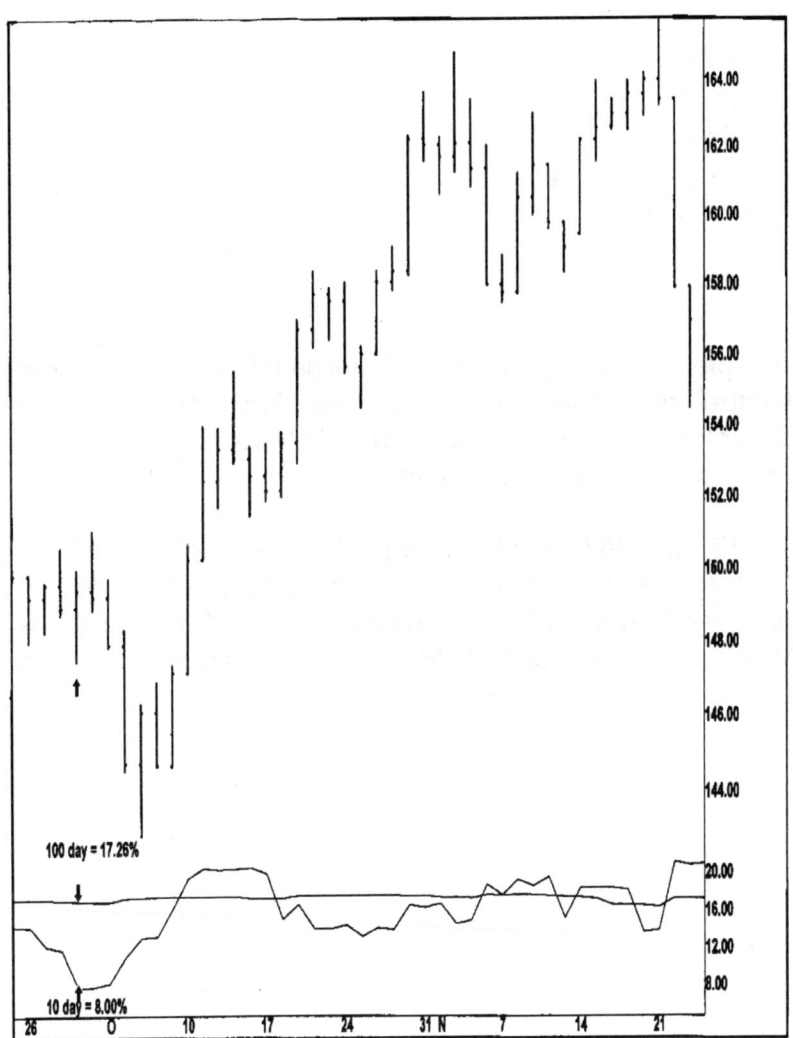

Reprinted with permission of Omega Research Inc.

Beispiel Nr. 4: Obwohl unser Indikator den Crash von 1987 nicht voraussagte (er ist übrigens der „einzige" Indikator der Welt, der dies nicht getan hat), wies er auf die Bewegung hin, die zur Hausse von 1982 bis 1987 führte.

Am 17. Juli 1987 liegt die 10-Tages-H.-V. bei 7.97 Prozent, die 100-Tages-H.-V. bei 16.45 Prozent. Der Dow Jones eröffnet am nächsten Tag bei 2450 Punkten und steigt in den folgenden sechs Wochen um über 286 Punkte an, mit einem Höchststand von 2736 am 25. August 1987!

Beispiel 4 - Dow Jones Industrial

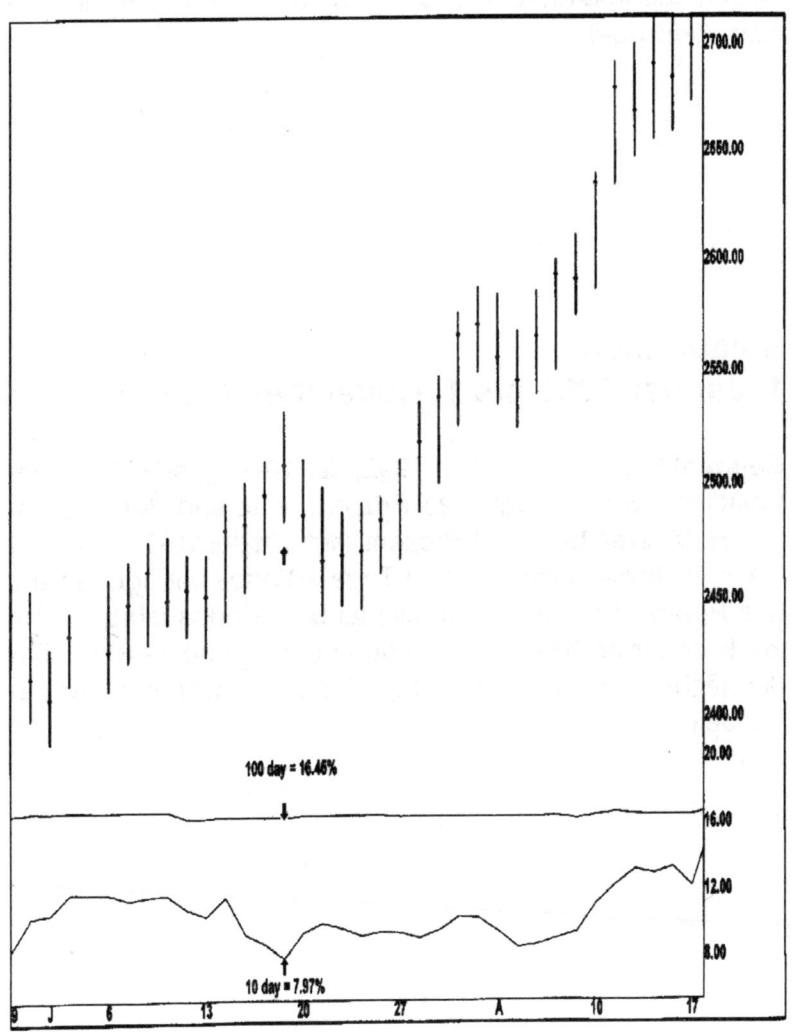

Reprinted with permission of Omega Research Inc.

Wir sind der Auffassung, daß es überzeugender und lehrreicher ist, einen Indikator auf einer tagtäglichen Basis zu betrachten. Lassen Sie uns die Historische Volatilität auf drei verschiedene Märkte über einen fortlaufenden Zeitraum hinweg übertragen.

Sojabohnen
1. Januar 1992 bis 1. November 1994

Beispiel Nr. 1: 27. Februar 1992, der 10-Tages-Historische-Volatilitätswert beträgt 7.98 Prozent, während der 100-Tages-H.-V.-Wert bei 16.51 Prozent liegt. Da der 10-Tages-Wert weniger als die Hälfte des 100-Tages-Wertes beträgt, besteht das Potential für einen naheliegenden Marktausbruch. Am 28. Februar eröffnen Sojabohnen bei 575 und werden über die nächsten sechs Tradingtage bis zu 28 Cents höher gehandelt.

Beispiel 1 - Sojabohnen

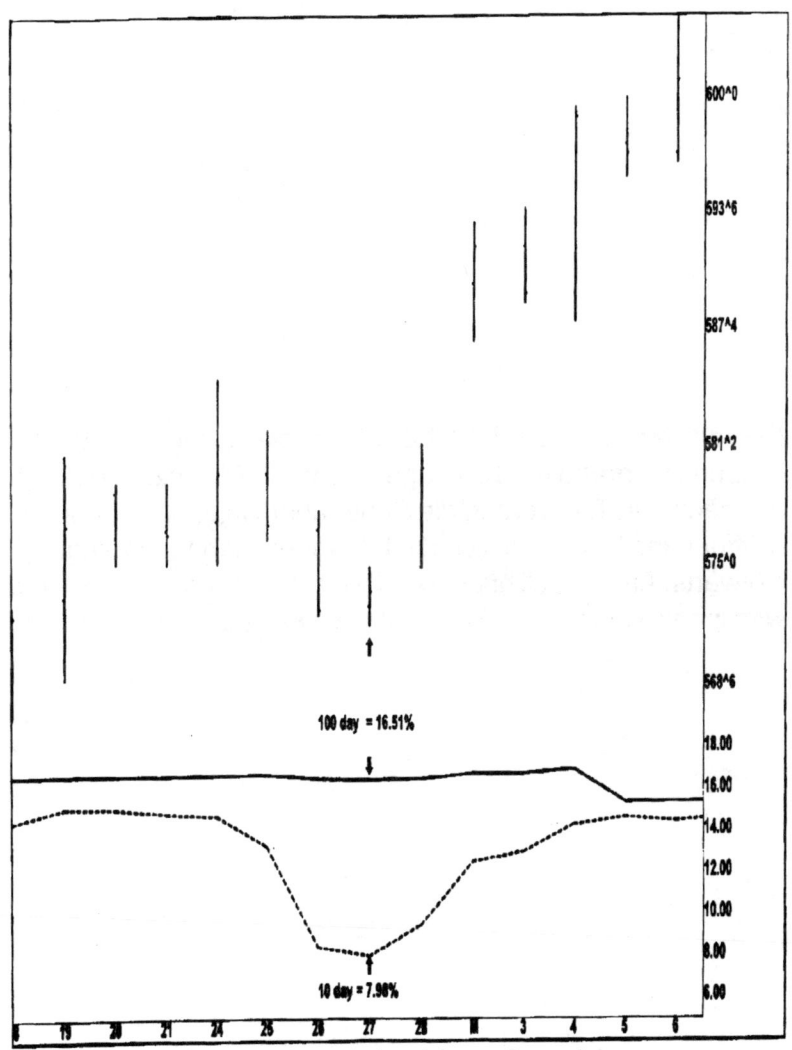

Reprinted with permission of Omega Research Inc.

Beispiel Nr. 2: Am 20. Juli 1992 erreicht die 10-Tages-H.-V. 7.04 Prozent, während die 100-Tages-H.-V. 17.74 Prozent beträgt. Am nächsten Tag werden die September-Sojabohnen mit 558 eröffnet und bewegen sich die folgenden sieben Tradingtage seitwärts. Am 31. Juli bricht der Markt stark nach unten ein und wird innerhalb von drei Wochen bei weniger als 540 gehandelt.

Beispiel 2 - Sojabohnen

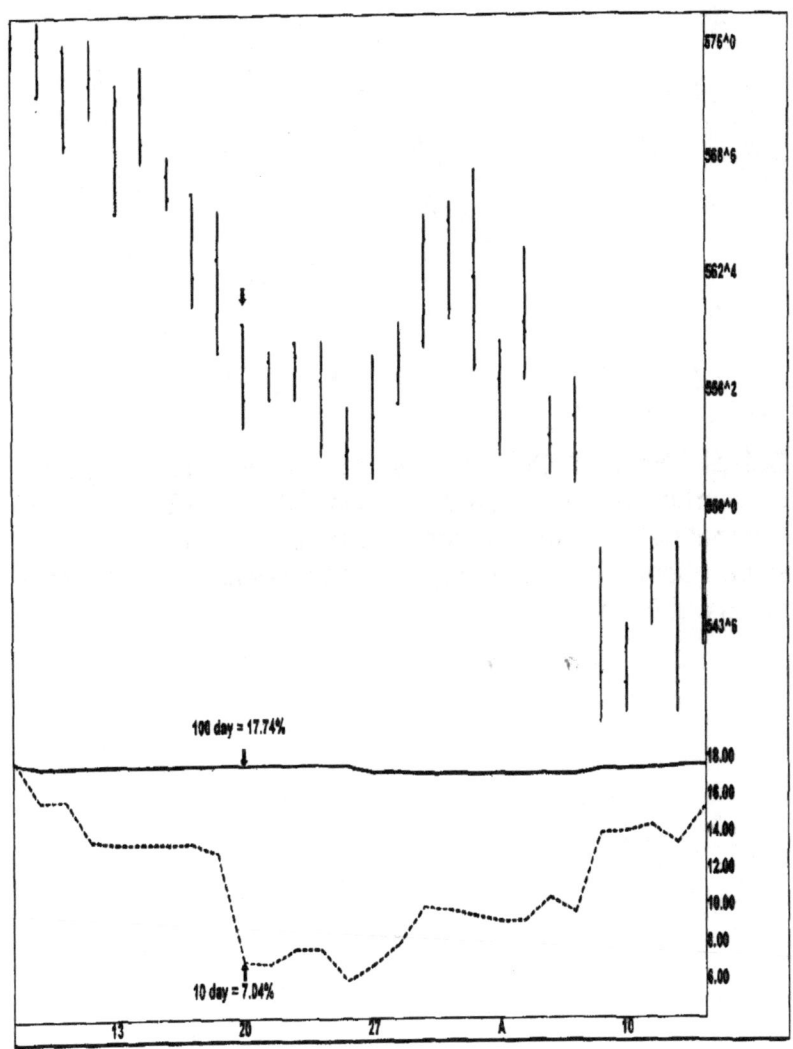

Reprinted with permission of Omega Research Inc.

Beispiel Nr. 3: 16. Oktober 1992, das 10-Tages-Reading befindet sich bei 6.10 Prozent, während das 100-Tages-Reading 15.83 Prozent beträgt. Am nächsten Tag befinden sich Sojabohnen sieben Cents höher und steigen während der Laufzeit des Kontrakts weiter an.

Beispiel 3 - Sojabohnen

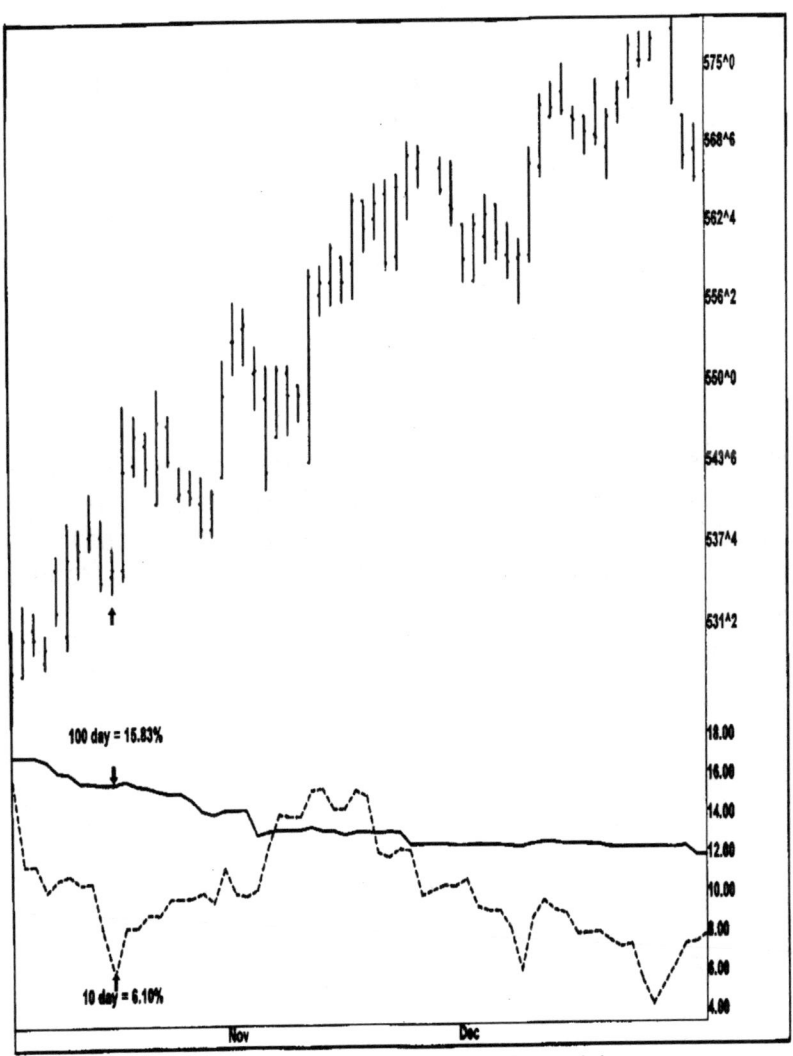

Reprinted with permission of Omega Research Inc.

Beispiel Nr. 4: Am 8. Dezember 1992 beträgt das 10-Tages-Reading 6.15 Prozent, und das 100-Tages-Reading liegt bei 12.48 Prozent. Über die nächsten zwei Tage schießt der Markt um 12 Cents nach oben und befindet sich binnen eines Monats 20 Cents höher.

Beispiel 4 - Sojabohnen

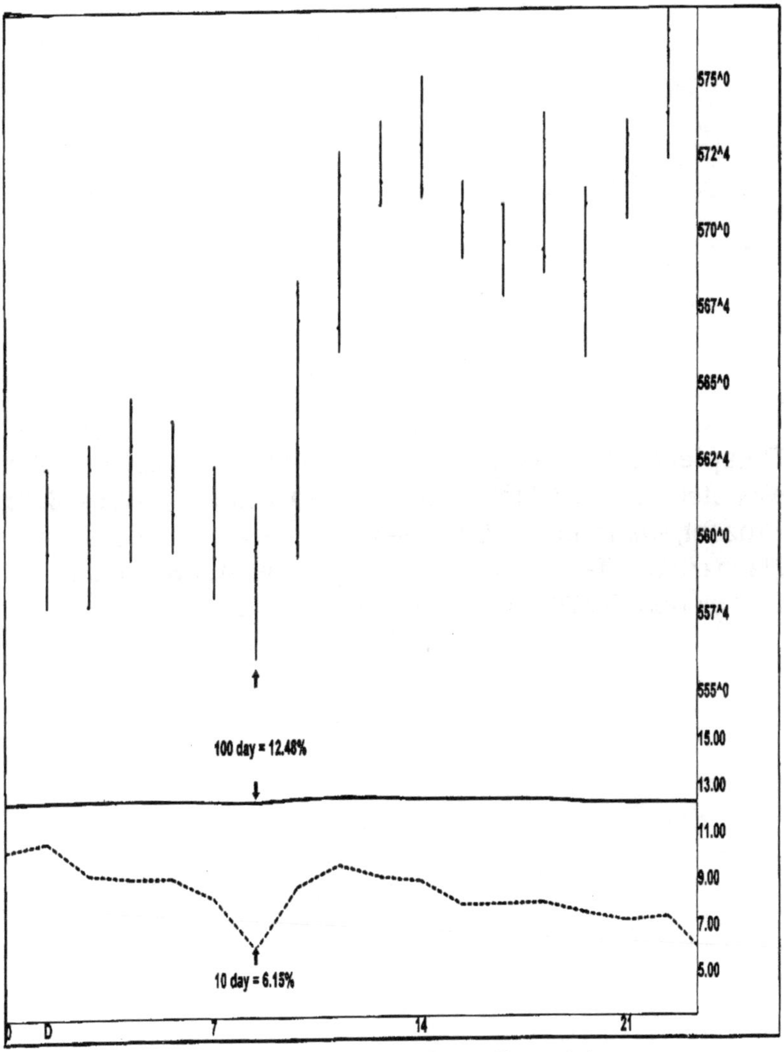

575^0

572^4

570^0

567^4

565^0

562^4

560^0

557^4

555^0

100 day = 12.48%

15.00

13.00

11.00

9.00

7.00

5.00

10 day = 6.15%

0   D   7   14   21

Reprinted with permission of Omega Research Inc.

61

Beispiel Nr. 5: Dies ist das erste Signal innerhalb von zehn Monaten. Am 18. Oktober 1993 ist die 10-Tages-H.-V. bei 6.73 Prozent, während die 100-Tages-H.-V. bei 23.32 Prozent liegt. Nach einigen Tagen erfährt der Markt einen Aufwärtstrend und liegt binnen vier Wochen um 60 Cents höher.

Beispiel 5 - Sojabohnen

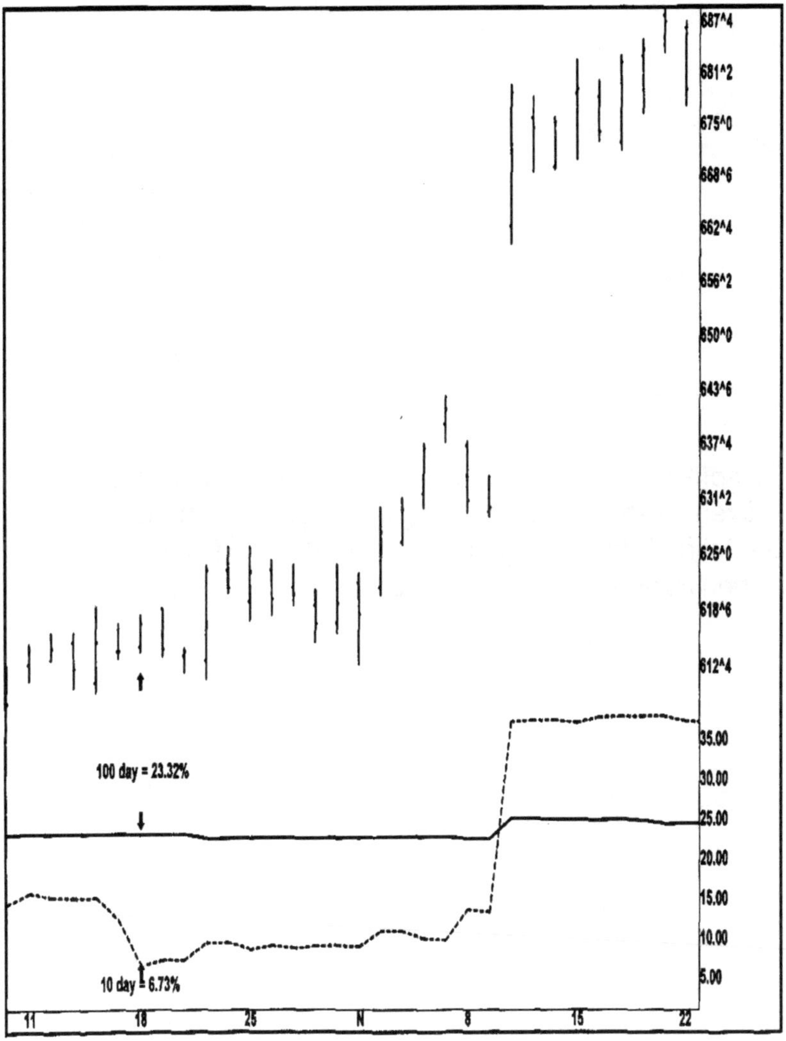

	687^4
	681^2
	675^0
	668^6
	662^4
	656^2
	650^0
	643^6
	637^4
	631^2
	625^0
	618^6
	612^4

100 day = 23.32%

10 day = 6.73%

	35.00
	30.00
	25.00
	20.00
	15.00
	10.00
	5.00

11   18   25   N   8   15   22

Reprinted with permission of Omega Research Inc.

63

Beispiel Nr. 6: 27. Januar 1994, die 10-Tages-H.-V. erreicht 9.24 Prozent, während der 100-Tages-Wert bei 20.38 Prozent liegt. Der März-Bohnen-Kontrakt öffnet bei 704 und fällt innerhalb von sieben Handelstagen um über 30 Cents.

Beispiel 6 - Sojabohnen

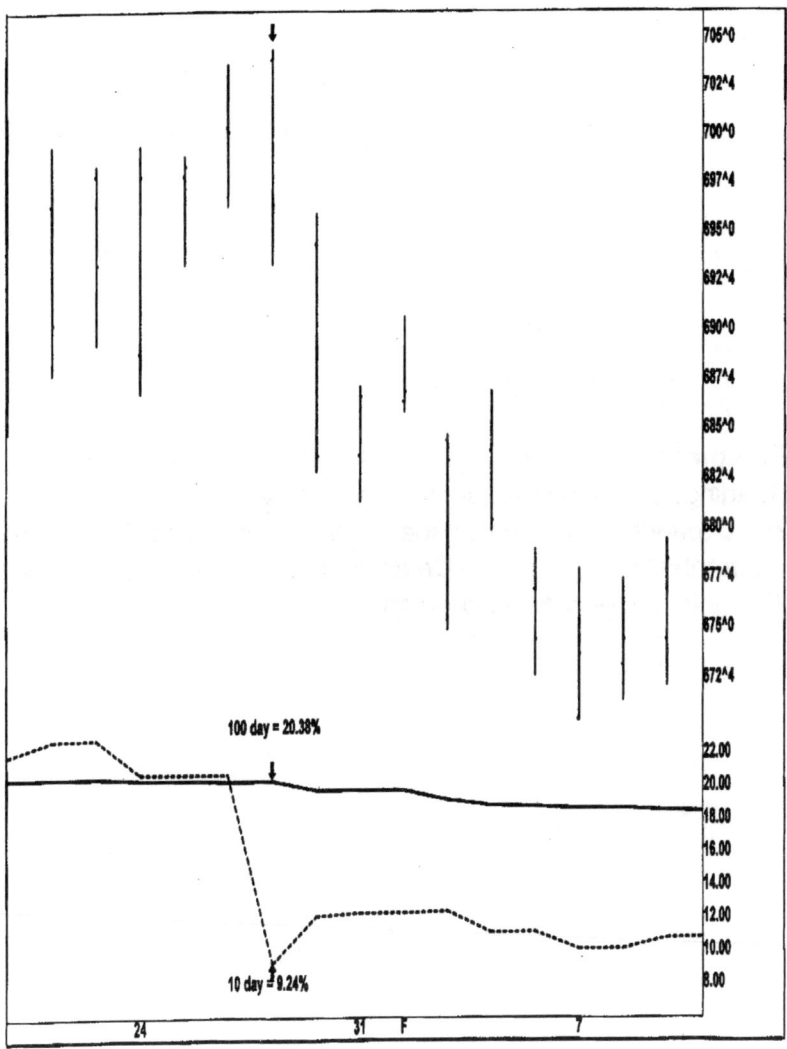

Reprinted with permission of Omega Research Inc.

Beispiel Nr. 7: Am 4. August 1994 wird bei einem 10-Tages-Reading, das 12.58 Prozent bei einem 100-Tages-Reading von 25.70 erreicht, ein Signal ausgelöst. Innerhalb zweier Tage sind September-Bohnen um 16 Cents gestiegen und ziehen um fast 30 Cents binnen vier Wochen an.

Beispiel 7 - Sojabohnen

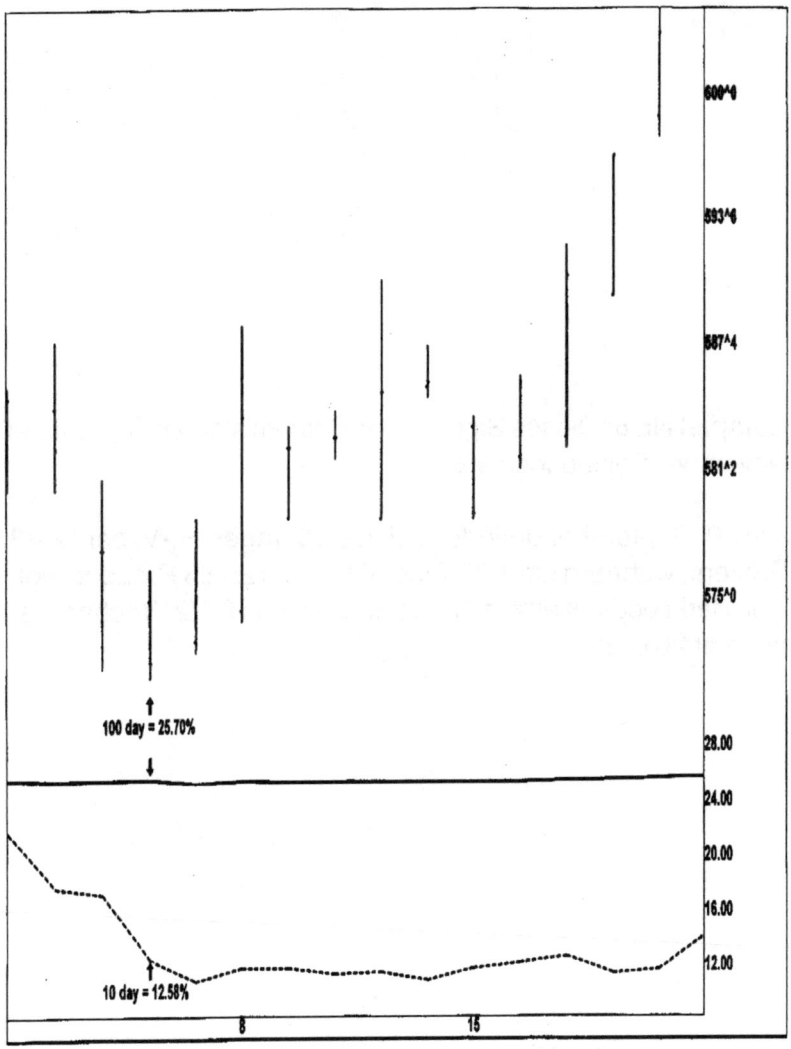

Reprinted with permission of Omega Research Inc.

Beispiel Nr. 8: Dieses Signal trat vor einem starken Sell-Off bei November-Sojabohnen auf.

Am 20. September befindet sich die 10-Tages-H.-V. bei 12.43 Prozent, während die 100-Tages-H.-V. bei 25.63 Prozent liegt. Der Markt beginnt abzusinken und verliert in 2 1/2 Wochen insgesamt 20 Cents.

Beispiel 8 - Sojabohnen

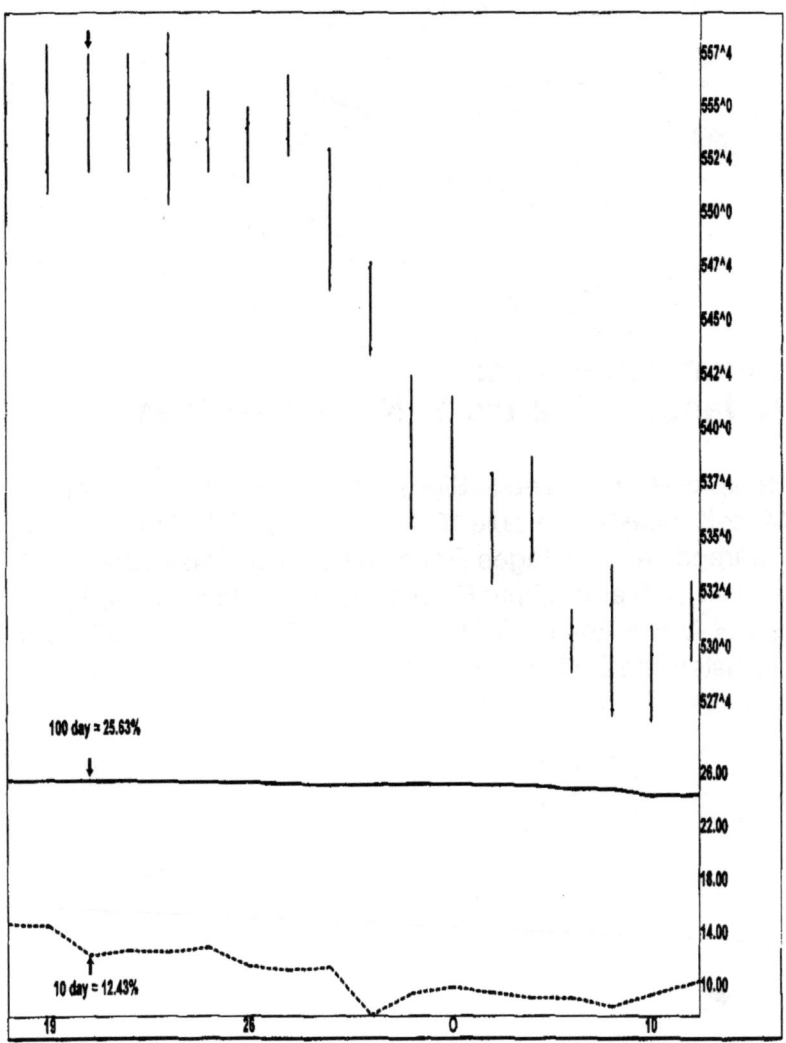

Reprinted with permission of Omega Research Inc.

Japanischer Yen:
1. Januar 1992 bis 1. November 1994

Beispiel Nr. 1: Das erste Signal tritt am 20. Februar 1992 beim März-Kontrakt auf, als die 10-Tages-H.-V. auf 5.64 Prozent fällt, während das 100-Tages-Reading bei 11.57 Prozent liegt. Wir wissen, daß eine starke Bewegung bevorsteht, da die 10-Tages-H.-V. weniger als die Hälfte der 100-Tages-H.-V. beträgt. Am nächsten Tag eröffnet der Yen bei 77.57 und fällt über die nächsten drei Wochen um weitere volle 3 Cents.

Beispiel 1 - Yen

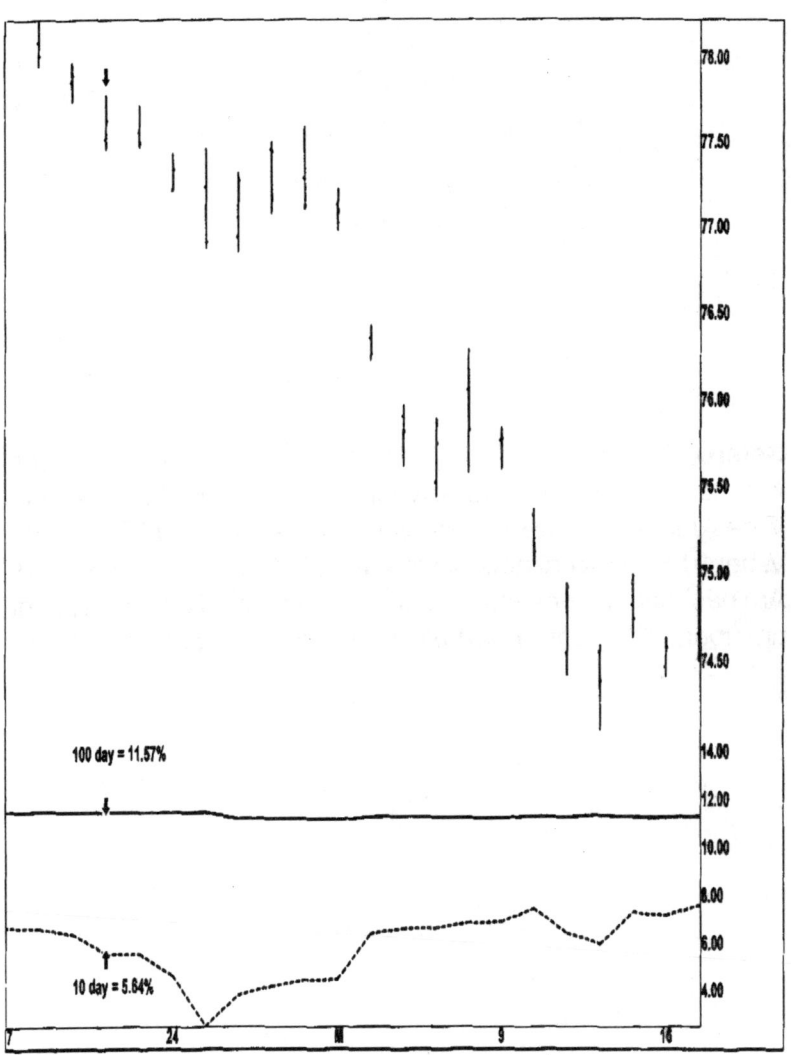

Reprinted with permission of Omega Research Inc.

Beispiel Nr. 2: Am 24. April, nachdem sich der Yen über sechs Wochen hinweg seitwärts bewegt hat, beträgt die 10-Tages-H.-V. des Juni-Kontrakts 4.58 Prozent, während die 100-Tages-H.-V. bei 10.84 Prozent notiert, wodurch ein Signal ausgelöst wird. Am nächsten Handelstag eröffnet der Yen bei 75.08 und steigt um über 4 1/2 Cents innerhalb der folgenden sieben Wochen.

Beispiel 2 - Yen

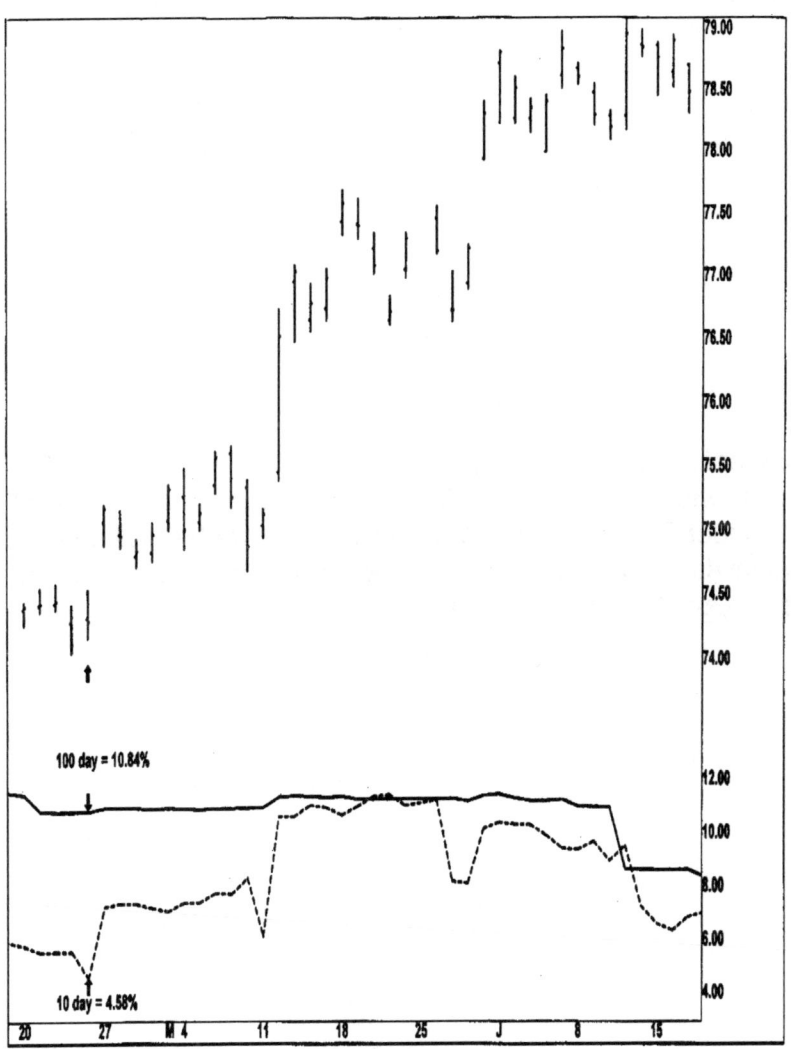

Reprinted with permission of Omega Research Inc.

Beispiel Nr. 3: 7. August, die 10-Tages-H.-V. liegt bei 3.77 Prozent, während sich das 100-Tages-Reading bei 8.39 Prozent befindet. Der September-Yen wird bei 78.27 gehandelt und beginnt nach drei Handelstagen einen Aufwärtstrend, der ihn auf bis zu 81.77 in den nächsten vier Wochen bringt.

Beispiel 3 - Yen

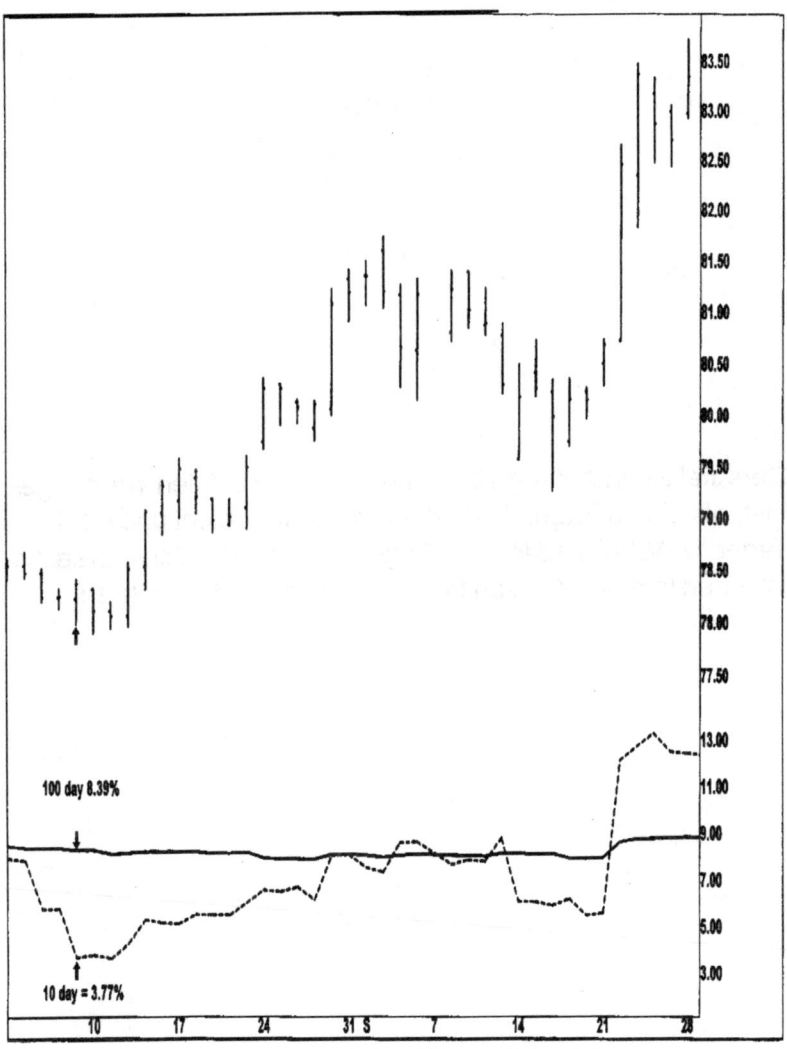

Reprinted with permission of Omega Research Inc.

Beispiel Nr. 4: Anfang 1993 wird ein Signal auf den Yen ausgelöst, als die 10-Tages-H.-V. 4.17 Prozent erreicht und die 100-Tages-H.-V. bei 9.13 Prozent liegt. Im Laufe der nächsten sechs Wochen legt der Yen von unter 80 Cents auf 86 Cents zu.

Beispiel 4 - Yen

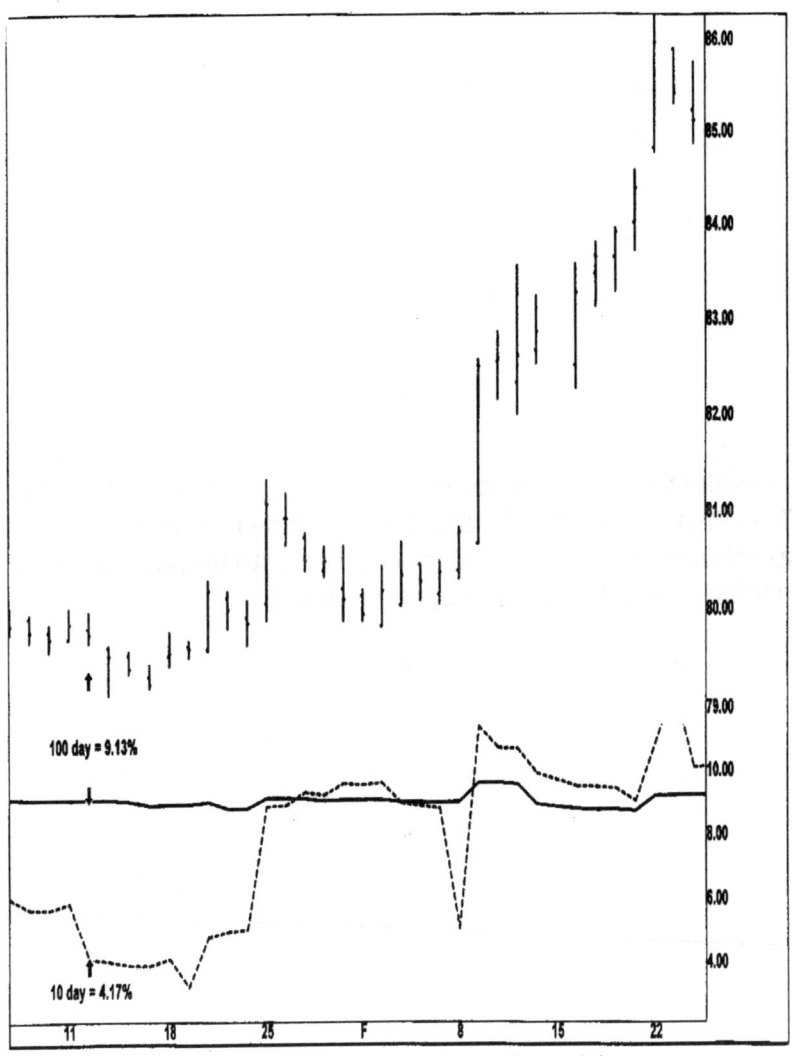

Reprinted with permission of Omega Research Inc.

Beispiel Nr. 5: Am 5. Oktober 1993 liegt die 10-Tages-H.-V. bei 7.39 Prozent, während sich die 100-Tages-H.-V. bei 14.87 Prozent befindet. Der Markt fällt sofort darauf ab und wird über die nächsten zwei Wochen tiefer gehandelt.

Beispiel 5 - Yen

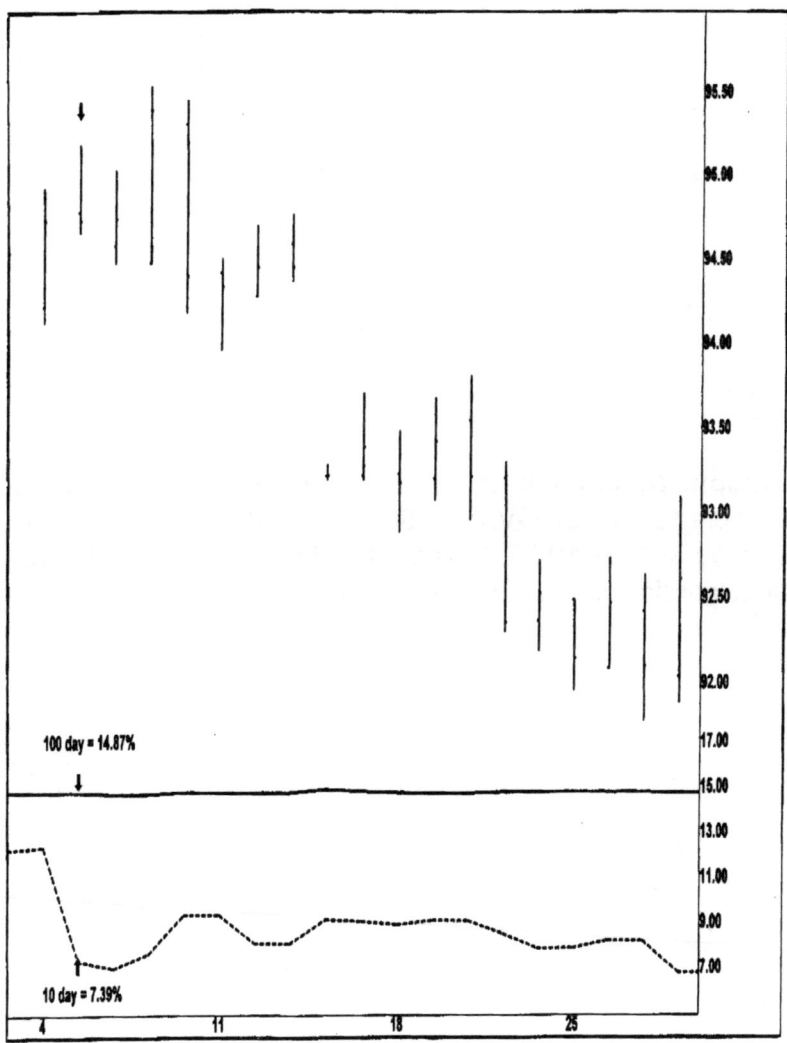

Reprinted with permission of Omega Research Inc.

Beispiel Nr. 6: Ein falsches Signal. Am 21. Dezember 1993 liegt die 10-Tages-H.-V. bei 5.50 Prozent, die 100-Tages-H.-V. befindet sich bei 12.33 Prozent. Der Markt bewegt sich die darauffolgenden drei Wochen seitwärts.

Beispiel 6 - Yen

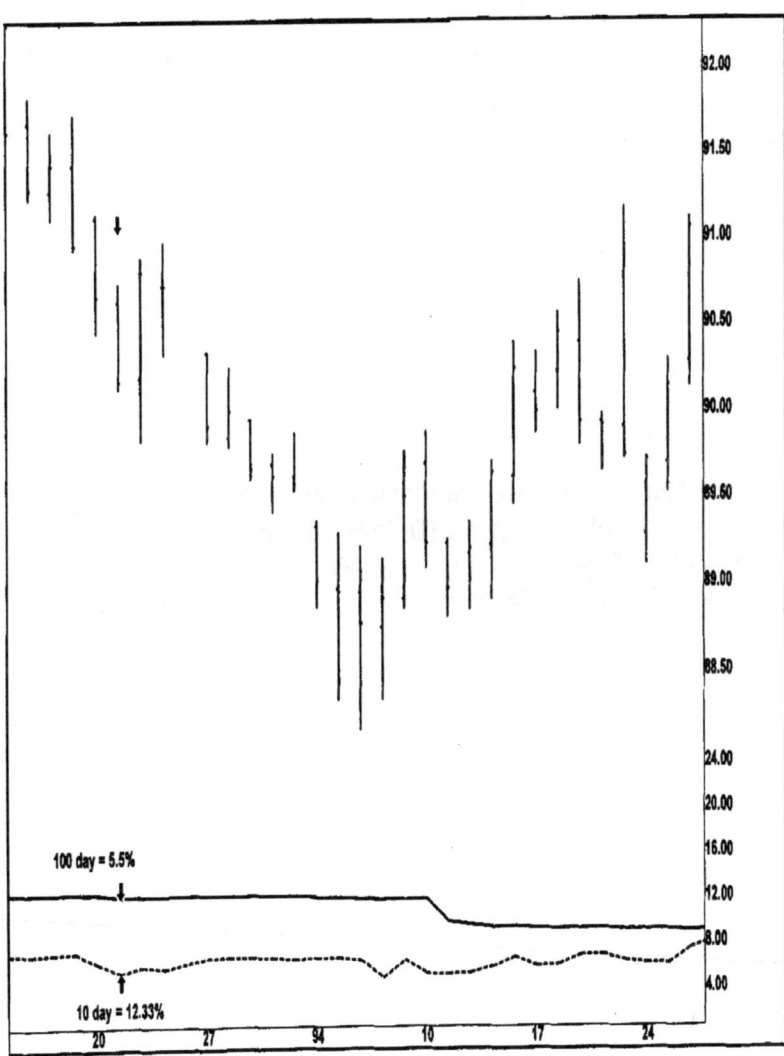

Reprinted with permission of Omega Research Inc.

Beispiel Nr. 7: Auf unser Signal folgt eine sofortige Bewegung. Am 2. Juni 1994 beträgt die 10-Tages-H.-V. 5.78 Prozent, während die 100-Tages-H.-V. bei 13.20 Prozent liegt. Über die nächsten fünf Wochen schießt der Markt um sechs Cents nach oben.

Beispiel 7 - Yen

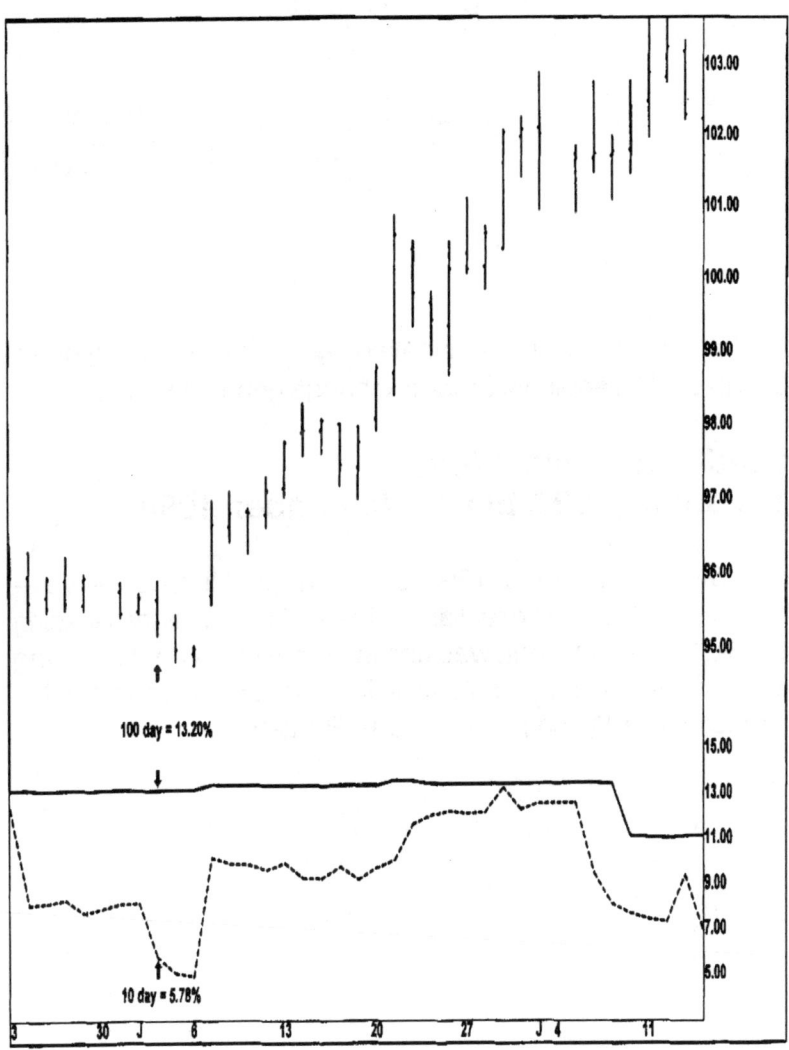

100 day = 13.20%

10 day = 5.78%

Reprinted with permission of Omega Research Inc.

Die folgenden Beispiele beinhalten den Gold- und Silber-Index, der an der Philadelphia Stock Exchange gehandelt wird.

Gold- und Silber-Index:
1. Januar 1992 bis 1. November 1994

Beispiel Nr. 1: 4. März 1992, die 10-Tages-Historische-Volatilität sinkt auf 15.67 Prozent ab, während das 100-Tages-Reading bei 32.13 Prozent liegt, was uns auf eine mögliche Bewegung aufmerksam macht. Der Markt sinkt rapide ab und verliert in den nächsten drei Wochen mehr als 10 Prozent.

Beispiel 1 - Gold und Silber

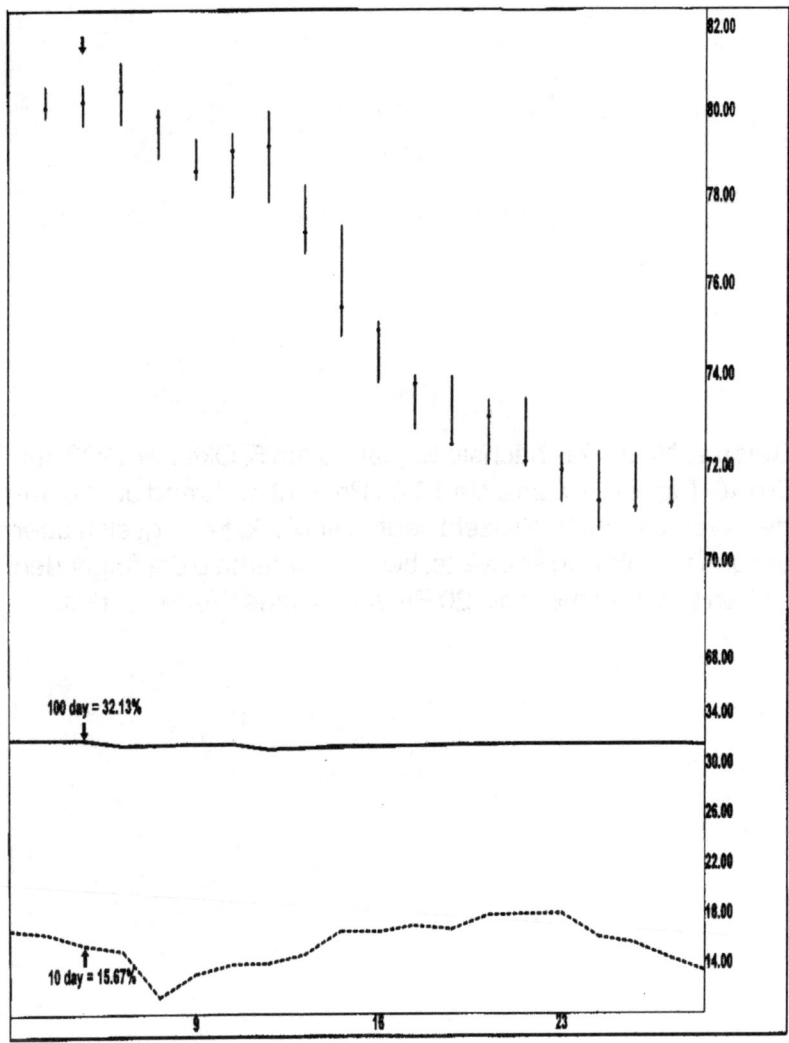

Reprinted with permission of Omega Research Inc.

Beispiel Nr. 2: Das nächste Signal tritt am 5. Oktober 1992 auf. Die 10-Tages-H.-V. erreicht 13.85 Prozent, während der 10-Tages-Wert bei 28.16 Prozent liegt. Der Markt bewegt sich über einige Tage hinweg seitwärts, bevor er innerhalb der folgenden sieben Wochen mehr als 20 Prozent seines Wertes verliert.

Beispiel 2 - Gold und Silber

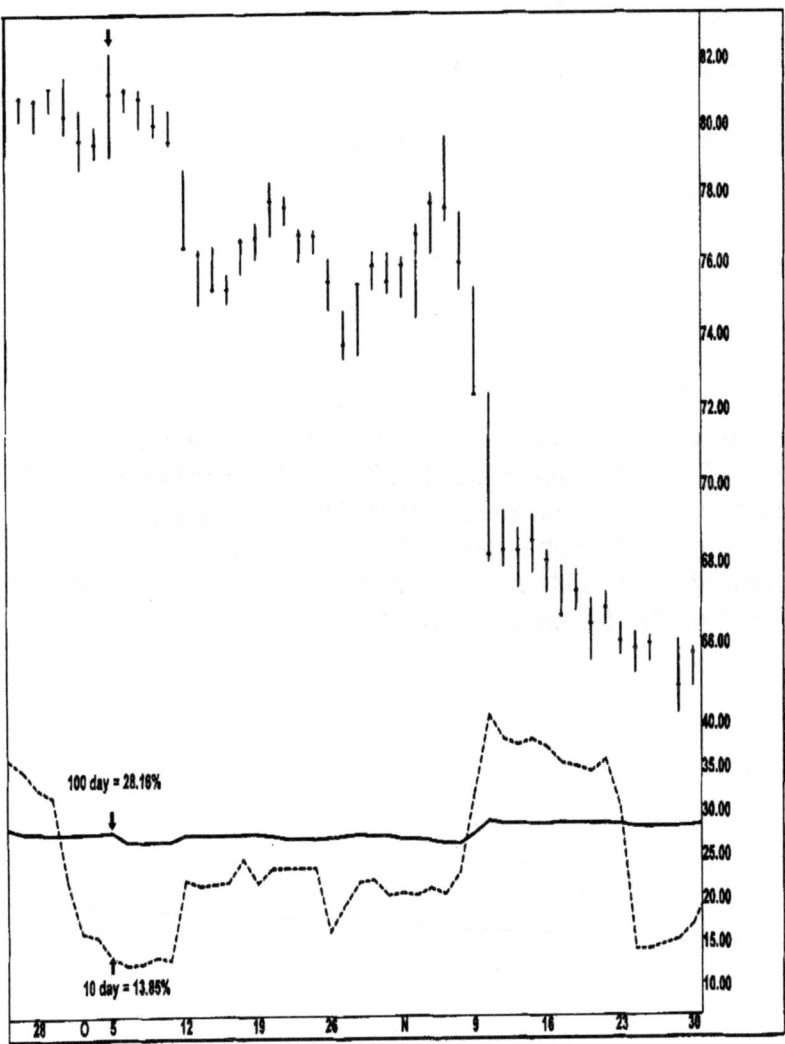

Reprinted with permission of Omega Research Inc.

Beispiel Nr. 3: 18. Januar 1993, das 10-Tages-Reading erreicht 10.92 Prozent, während das 100-Tages-Reading bei 25.54 Prozent liegt. Das Signal erscheint am Markt-Low bis zu dem Tag, an dem der XAU über die nächsten paar Wochen hinweg um mehr als 10 Punkte nach oben schießt und um ungefähr 60 Punkte in den folgenden sechs Monaten zulegt.

Beispiel 3 - Gold und Silber

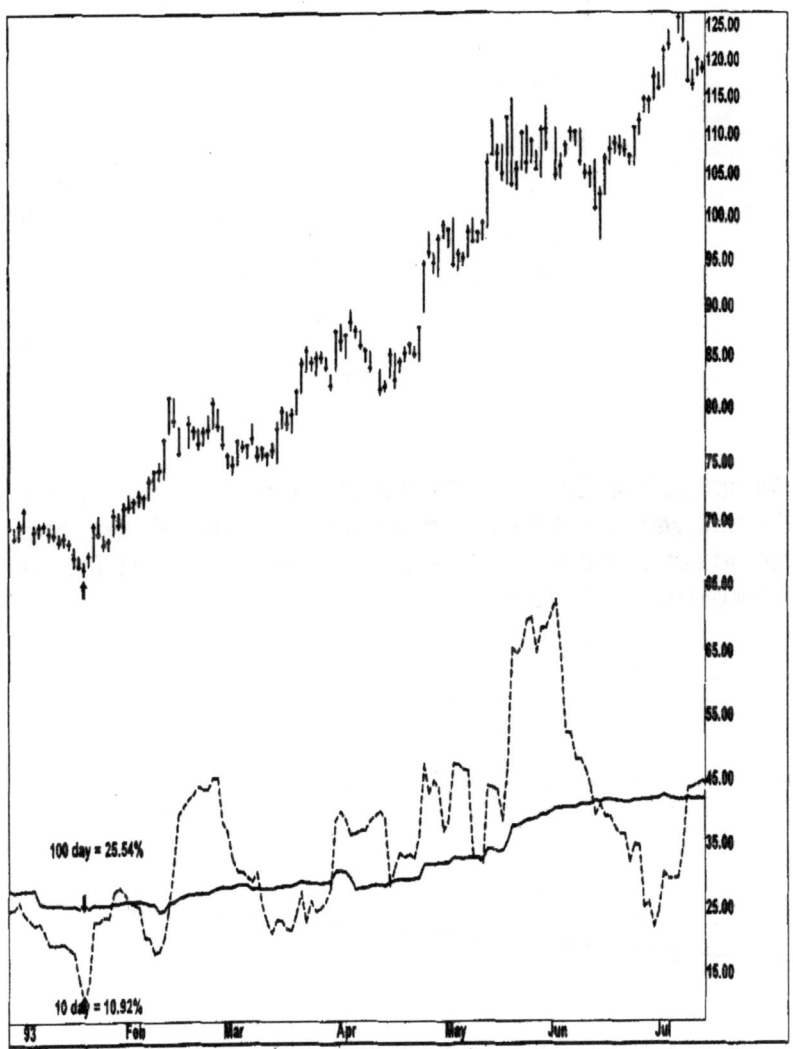

Reprinted with permission of Omega Research Inc.

Beispiel Nr. 4: 22. Juli 1993, das 10-Tages-Reading ist 20.93 Prozent, während das 100-Tages-Reading bei 41.91 Prozent liegt. Sofort setzt eine Aufwärtsbewegung um mehr als 15 Punkte über die nächste Woche ein.

Beispiel 4 - Gold und Silber

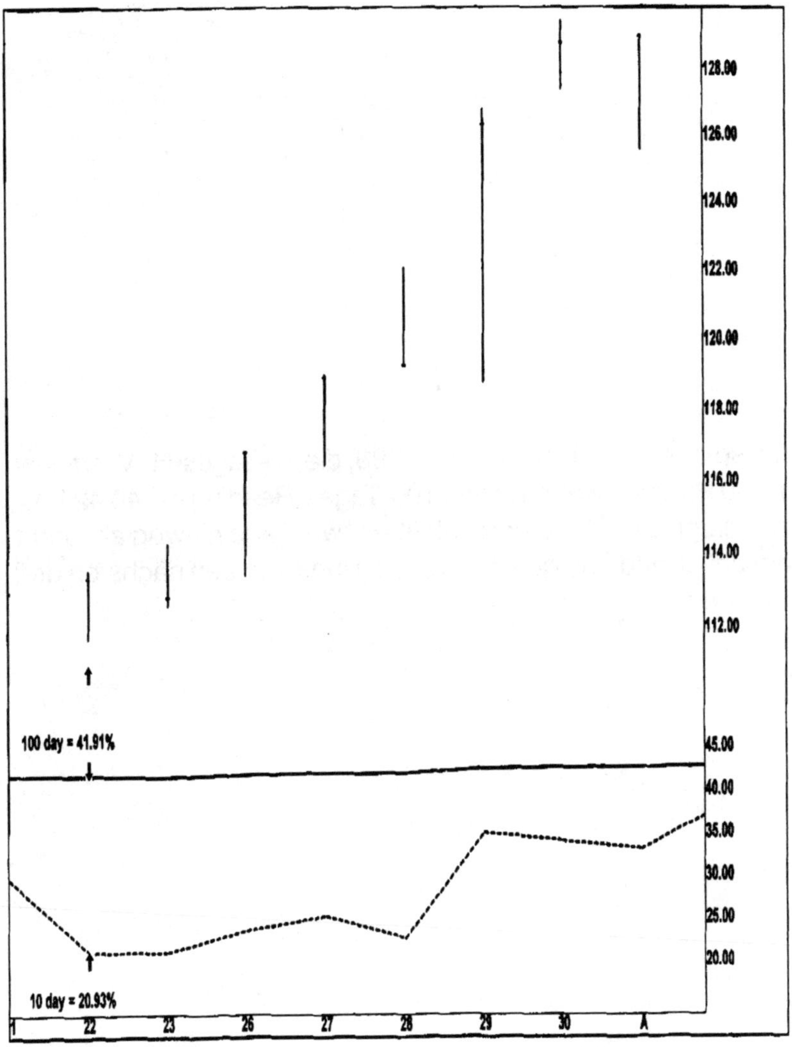

100 day = 41.91%

10 day = 20.93%

Reprinted with permission of Omega Research Inc.

91

Beispiel Nr. 5: 24. November 1993, die 10-Tages-H.-V. erreicht 19.30 Prozent, während das 100-Tages-Reading bei 40.42 Prozent liegt. Der Markt bröckelt über zwei Tage hinweg ab, dreht anschließend und gewinnt fast 20 Punkte in den nächsten drei Wochen.

Beispiel 5 - Gold und Silber

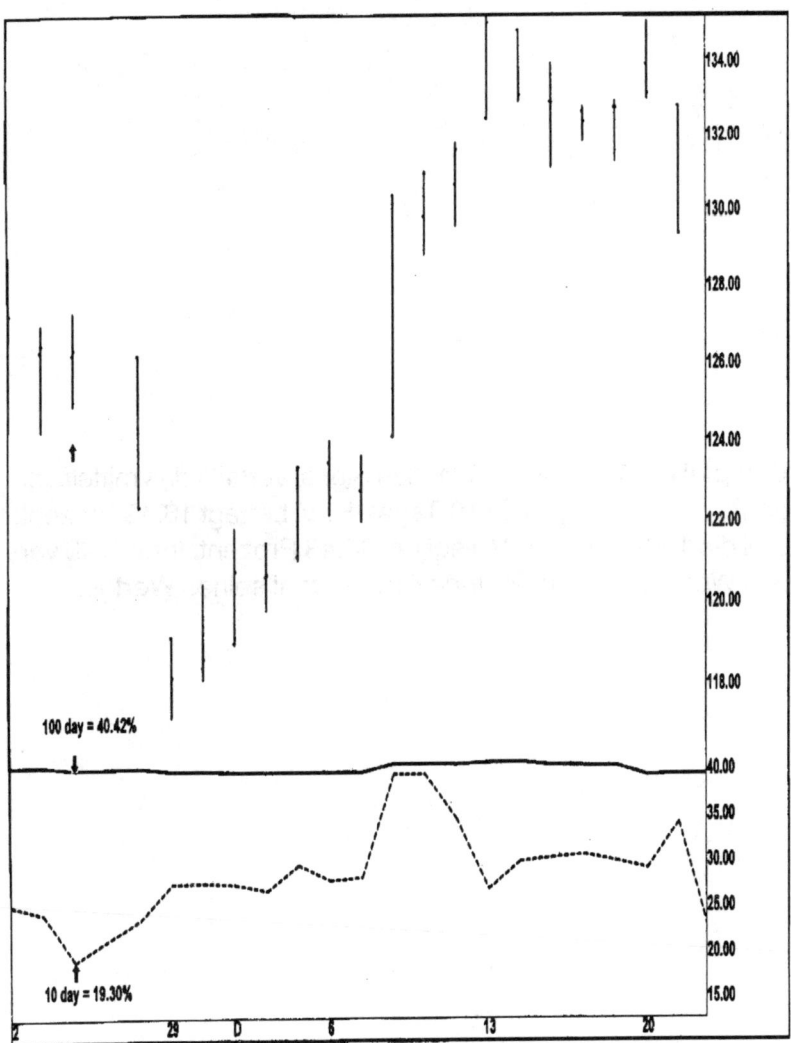

Reprinted with permission of Omega Research Inc.

Beispiel Nr. 6: 15. Juni 1994, das Signal verfehlt das mittelfristige Top um vier Tage. Die 10-Tages-H.-V. beträgt 16.49 Prozent, und die 100-Tages-H.-V. liegt bei 34.43 Prozent. Innerhalb von drei Wochen verliert der Index 10 Prozent seines Wertes.

Beispiel 6 - Gold und Silber

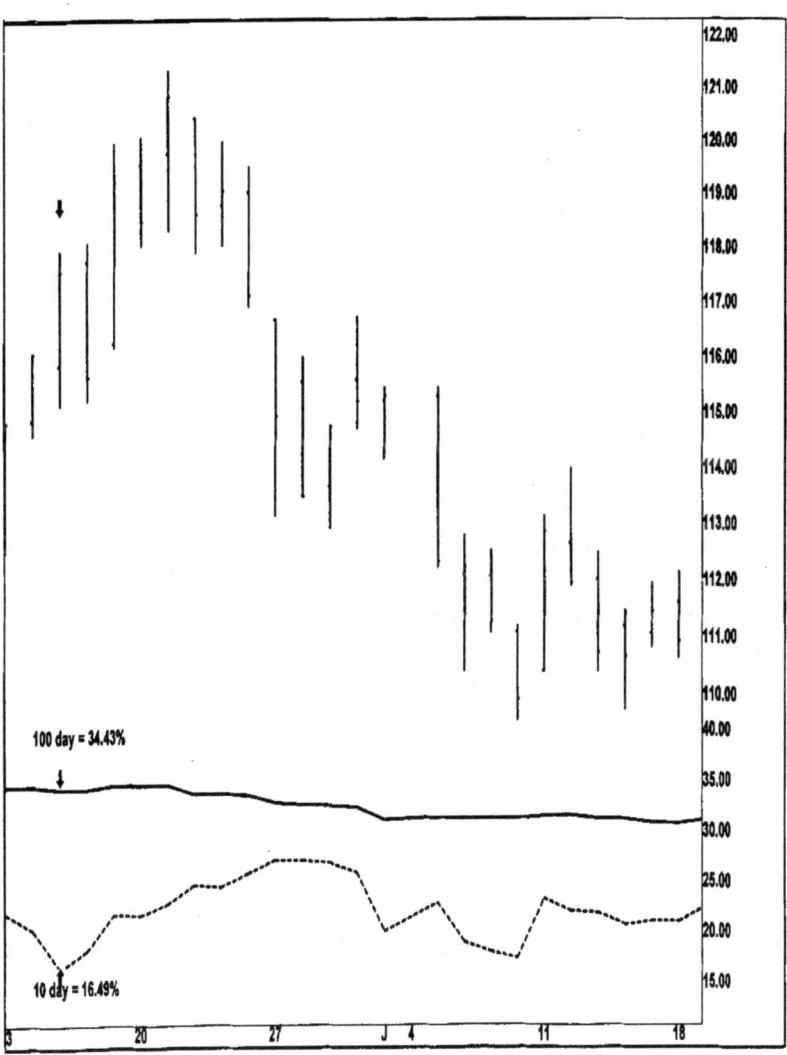

Reprinted with permission of Omega Research Inc.

Beispiel Nr. 7: 1994 gab es nur ein Signal, das allerdings sehr profitabel war.

Am 16. August befindet sich das 10-Tages-Reading bei 13.33 Prozent, während das 100-Tages-Reading bei 29.25 Prozent liegt. Innerhalb von sechs Wochen steigt der Markt um über 20 Prozent.

Beispiel 7 - Gold und Silber

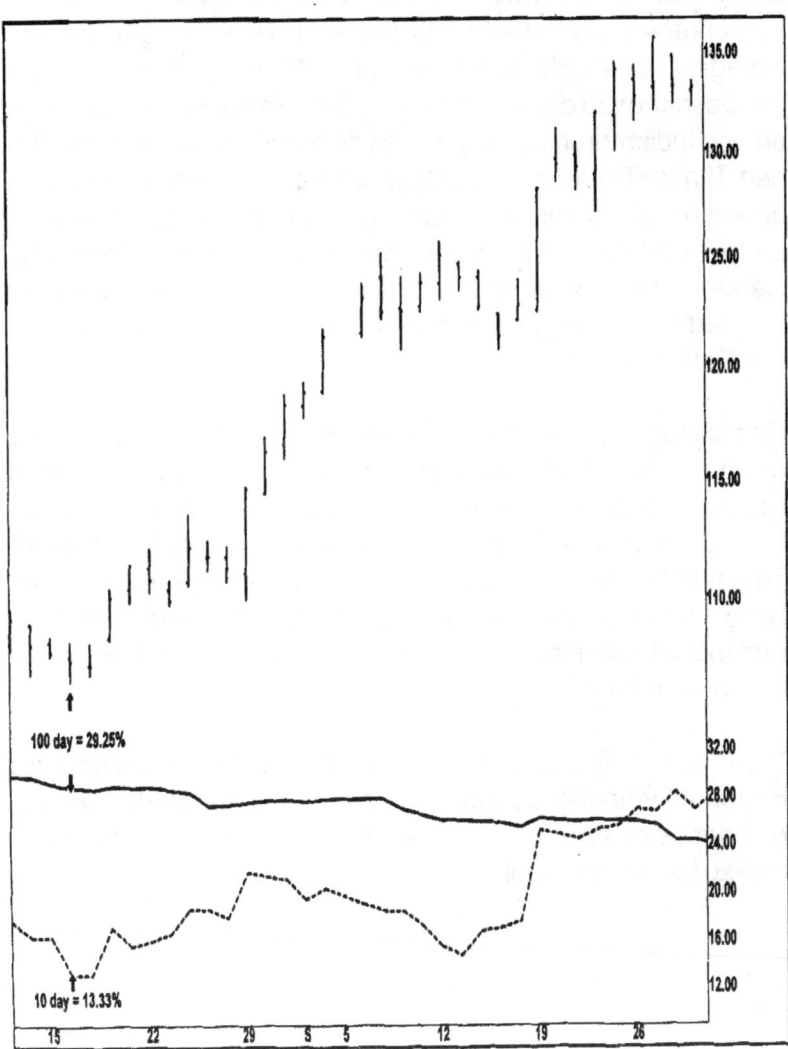

100 day = 29.25%

10 day = 13.33%

Reprinted with permission of Omega Research Inc.

Zusammenfassung

Das Connors-Hayward Historical Volatility System besitzt die bemerkenswerte Fähigkeit, bedeutende Bewegungen vorauszusagen. Leider gibt es Ihnen nicht die Richtung der Bewegung an. Deshalb wird die von Ihnen gewählte Taktik von den Strategien und Indikatoren abhängen, mit denen Sie gut umgehen können. Einige Trader werden Optionen handeln und sowohl Calls als auch Puts kaufen, wenn ein Signal auftritt. Einige Trader werden Trend-Line Reversal oder Breakout Patterns in Erwägung ziehen. Andere wiederum werden versuchen, das Signal mit Fundamentalanalysen zu kombinieren. Dies ist eine persönliche Entscheidung.

Des weiteren stellen die 10-Tages- und 100-Tages-Parameter, die in diesem Kapitel benutzt werden, nur eine der möglichen Kombinationen dar. Die Parameter sind von der Zeitperiode abhängig, in der eine Position gehalten werden soll. Short-Term-Trader sollten sich auf kürzerfristige Zeitperioden konzentrieren. Long-Term-Trader sollten längere Perioden sowie wöchentliche und monatliche Parameter berücksichtigen. Dies ist ebenfalls eine persönliche Entscheidung.

Wenn es richtig angewendet wird, stellt das Connors-Hayward Historical Volatility System ein sehr effektives Werkzeug dar, das dem einzelnen Händler das Auftreten kräftiger Bewegungen zu identifizieren hilft.

KAPITEL IV

- UNDENIABLES™ -

"The whole idea is to somehow get an edge.
Sometimes it takes a little extra something
to get that edge, but you have to have it. "

Don Shula

Undeniables sind Reversal-Patterns, die wir zum Handeln von Index-Optionen benutzen. Derzeit gibt es über 35 Indizes, auf die Index-Optionen gehandelt werden können. Diese umfassen Indexgruppen wie Konsumaktien, Gambling Stocks, Pharmaaktien, Computeraktien usw. (Eine vollständige Auflistung befindet sich im Anhang.) Wenn Sie zum Beispiel bullish für Biotechnologieaktien sind, können Sie Calls für einen Basket von Biotechnologieaktien kaufen.

Wir bezeichnen die Reversal-Patterns, die wir zum Identifizieren von Umkehrpunkten in Aktienindizes benutzen, als *Undeniables*. Als wir diese Tradingstrategie zum ersten Mal einem Freund erklärten, der für eines der bedeutenden Brokerhäuser handelt, bemerkte er, dies sei „undeniably" (unbestreitbar) das allerbeste Tradingsystem. Wir versichern Ihnen, daß es nicht das beste Tradingsystem ist, das es jemals gegeben hat, aber es ist schon ziemlich gut. Seit jener Zeit hat sich jedoch der Ausdruck *Undeniables* eingebürgert.

Undeniables haben die bemerkenswerte Fähigkeit, Zeitpunkte festzustellen, in denen Gruppenindizes nach einer längeren starken oder schwachen Periode drehen.

Undeniables funktionieren folgendermaßen:

1. Nehmen Sie den Wochenchart einer Aktienindexgruppe.
2. Identifizieren Sie einen Intraweek-Preis, der entweder ein Sechswochen-High oder ein Sechswochen-Low erreicht hat.

3. Für die Wochen, die Lows gemacht haben, *muß* das Close jener Woche über dem Open liegen.

4. Für Wochen, die Highs gemacht haben, *muß* das Close jener Woche unter dem Open liegen.

5. Bei Lows wird ein Kaufsignal in der folgenden Woche dann ausgelöst, wenn der Index 0.25 Punkte über dem Vorwochen-High gehandelt wird.

6. Bei Highs wird ein Verkaufssignal in der folgenden Woche dann ausgelöst, wenn der Index 0.25 Punkte unter dem Vorwochen-Low gehandelt wird.

7. Stops auf Käufe befinden sich einen Tick unter dem Low der Woche, innerhalb der der Markt dreht.

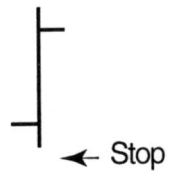

8. Stops auf Verkäufe befinden sich einen Tick über dem High der Woche, innerhalb der der Markt dreht.

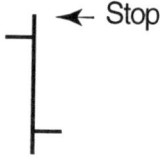

9. Wenn die folgende Woche nicht über dem High der Buy-Reversal-Woche gehandelt wird, tritt kein Signal auf.

10. Wenn die folgende Woche nicht unter dem Low der Sell-Reversal-Woche gehandelt wird, tritt kein Signal auf.

Wie wir herausgefunden haben, leistet dieses Reversal-Pattern beim Aufspüren von Marktdrehungen gute Arbeit, noch besser funktioniert es aber beim Identifizieren eines Momentums.

Unsere Erfahrung zeigt, daß, anstatt Calls bei Kaufsignalen und Puts bei Verkaufssignalen einzusetzen, es eine viel profitablere Strategie ist, Verkäufer von Calls bei einem Verkaufssignal und Verkäufer von Puts bei Sell-Reversals zu sein. Normalerweise ist diese Strategie risikoreich, aber anders als bei einzelnen Aktien können Indizes nicht aufgekauft werden, und große Gaps sind selten.

Wir benutzen die folgende Strategie, um die Optionen zu verkaufen. Bei einem Sell-Reversal nehmen wir den Höchstkurs des Reversal-Bar, runden ihn hin zu seinem nächstliegenden Strike-Preis und verkaufen die Calls (weniger aggressive Händler werden einen bear call spread verkaufen). Wenn zum Beispiel der Goldindex (XAU) in der Woche seines Reversal-Bar ein High von 118.50 und ein Low von 113.22 aufweist, verkaufen wir die 120er Calls des nächsten Monats (118.50 zum nächsten Strike-Preis hingerundet, ergibt 120).

Bei einem Buy-Reversal nehmen wir den Tiefstpreis des Reversal-Bar, runden ihn hin zu seinem nächsten Strike-Preis und verkaufen die Puts. Wenn zum Beispiel der Software-Index ein Tief von 249.22 auf seiner Reversal-Bar aufweist, verkaufen wir die 250er Puts des folgenden Monats (249.22 zum nächsten Strike-Preis hingerundet, ergibt 250).

Haben Sie keine Bedenken, wenn dies ein wenig kompliziert erscheint. Wir werden den Handel im Öl-Index über eine Periode von fünf Jahren durchgehen, um Ihnen diese Strategie näherzubringen.

Der Öl-Index (XOI) wird an der AMEX gehandelt. Er besteht aus den 16 größten internationalen Ölgesellschaften, die an der NYSE gelistet sind. Wir haben diesen Index ausgewählt, weil er in einem Zeitraum von fünf Jahren, vom 24. November 1989 bis zum 4. November 1994, einen Bull-Markt sowie einen Bear-Markt durchlaufen hat, wobei unsere Strategie in 70% der Fälle erfolgreich war. Diese Ergebnisse stimmen im großen und ganzen mit denen überein, die mit anderen Indizes erzielt wurden.

30. März 1990 – 2. November 1990

Beispiel Nr.1: Eine Undeniable-Figur tritt am 4. Mai 1990 auf.

Beachten Sie, daß es sich bei dem Wochentief um das tiefste seit sechs Wochen handelt. Beachten Sie ebenfalls, daß der Wochenschluß über dem High dieser Woche liegt. Die folgende Woche handelt 0.25 Punkte über dem High des 4. Mai, wodurch ein Signal ausgelöst wird. Da das Low am 4. Mai 232.30 beträgt, runden wir es auf 230 ab und verkaufen 230er Puts des Folgemonats Juni. Wir werden unsere Puts glattstellen, wenn der Index im Laufe der nächsten vier Wochen unter 232.30 gehandelt werden sollte. Wenn wir durch diesen Stop nicht aus der Position hinausgedrängt werden, halten wir die Puts diese Woche und noch über drei weitere Wochen. Dies gibt ihnen genügend Zeit, um im Wert zu verfallen.

Vier Wochen später (die Woche vom 1. Juni) schließt der Index bei 245.85 weit über dem Strike-Preis, zu dem wir die Puts verkauft haben. Wir können die Position nun beruhigt mit einem satten Profit schließen.

Beispiel Nr. 2: Beachten Sie, daß es sich hierbei nicht um ein Signal handelt, obwohl die Woche vom 30. Juni ein Sechswochen-Low aufweist und über ihrem Opening schließt. Das High des 5. Juli übersteigt jedoch nicht das High der vorangegangenen Woche.

Beispiel Nr. 3: Kein Handel. Obwohl das Close unter dem Open liegt, weist diese Woche kein Sechswochen-High auf.

Beispiele 1-3, 30. März 1990 bis 2. November 1990

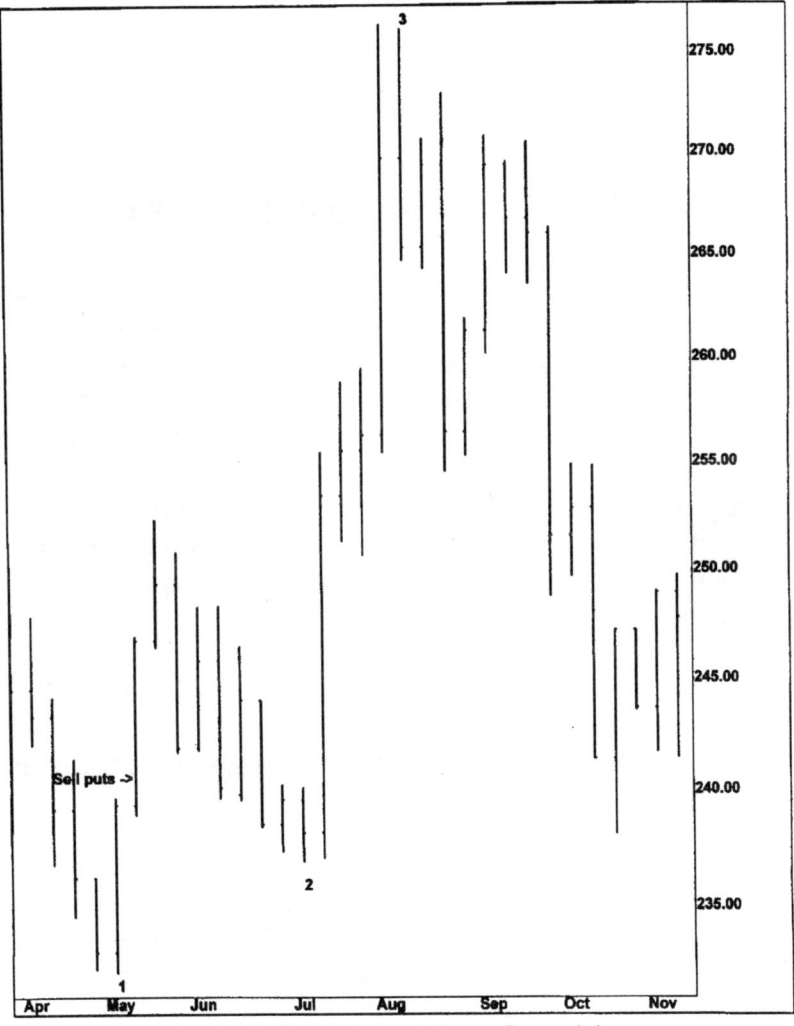

Reprinted with permission of Omega Research Inc.

105

9. November 1990 – 18. Oktober 1991

Beispiel Nr.1: 18. Januar 1991. Die Woche weist ein Sechs-wochen-Low auf und schließt über ihrem Eröffnungskurs, was uns schon die Hälfte des Signals gibt. In der folgenden Woche wird der Markt erst tiefer gehandelt, dreht dann aber und befin-det sich 0.25 Punkte höher als das Vorwochen-High von 232.34. Das Low von 228.89 wird auf 230 aufgerundet, weshalb wir die 230er Februar-Puts verkaufen. Unser Stop liegt bei 228.38, ei-nen Tick unter dem Vorwochen-Low. Zwei Wochen später bricht der Markt nach oben aus, und wir können unsere Puts mit ei-nem schönen Gewinn eindecken.

Es ist eine persönliche Entscheidung, die Puts, die noch einige Restlaufzeit haben, einzudecken. Normalerweise ist der Wert der Optionen so niedrig, daß es das Risiko nicht wert ist, diese paar extra Dollar zu machen.

Beispiel Nr. 2: 12. Juli 1991. Hier ist ein weiteres Signal. Der Index weist ein Sechswochen-Low auf und dreht anschließend, wobei der Wochenschluß dann über dem Open liegt. In der folgenden Woche wird bei 243.37 ein Kaufsignal ausgelöst, 0.25 Punkte über dem Vorwochen-High. Da das Low der Vorwoche 234.28 betrug, verkaufen wir die 235er August-Puts, wobei unser Stop bei 234.27 liegt. Vier Wochen später befindet sich der Index im 250er Bereich, weit über dem 235er Strike-Preis. Wir stellen unsere Short-Put-Position mit einem Gewinn glatt.

Beispiel Nr. 3: Ein Sechswochen-Hoch und ein unter dem Opening liegendes Close zeigen gemeinsam einen Sell-Reversal-Bar an. In der folgenden Woche wird ein Signal ausgelöst, da der Index mehr als 0.25 Punkte unter dem Vorwochen-Low von 251.38 liegt. Da das High des Undeniable-Bar 255.52 beträgt, verkaufen wir die 255er Oktober-Calls. Vier Wochen später befindet sich der Index in der 250er Range, und unsere Calls werden mit Gewinn glattgestellt.

Beachten Sie, daß der Markt zwei Wochen darauf (Verfallswoche) bis auf 260 hochschießt. Das ist der Grund, weshalb wir auf weiteren geringen Profit verzichtet haben, indem wir unsere Short-Position früher glattstellten.

Beispiele 1-3, 9. November 1990 bis 18. Oktober 1991

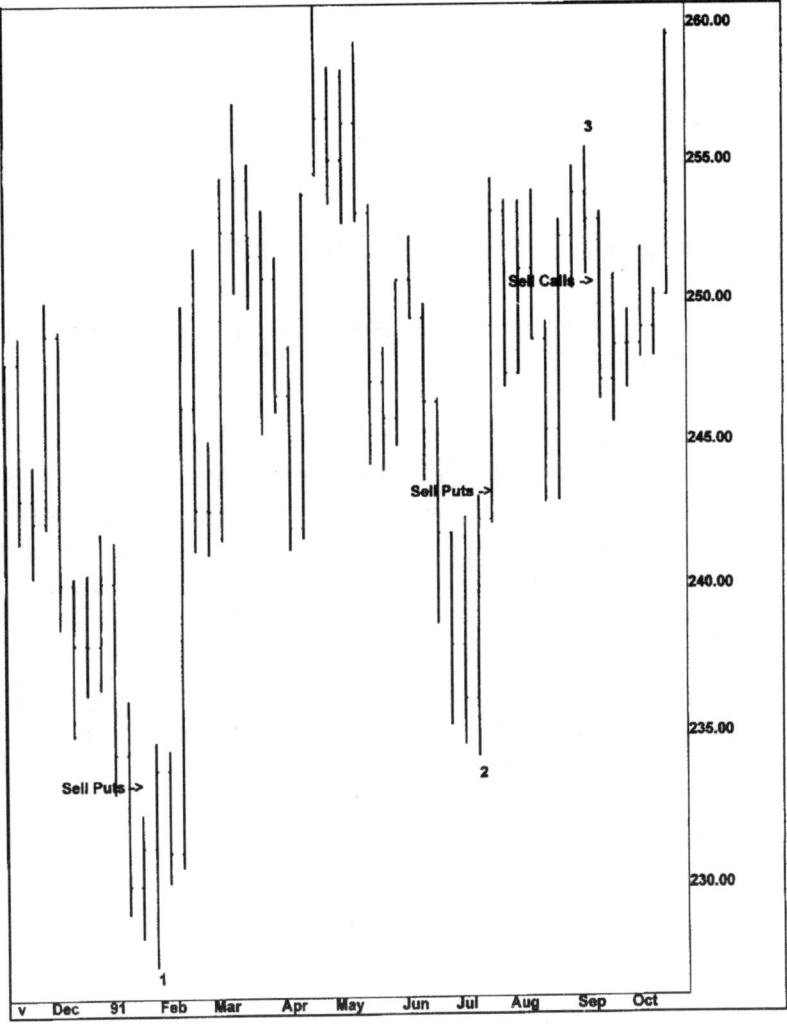

Reprinted with permission of Omega Research Inc.

25. Oktober 1991 – 10. Juli 1992

Beispiel Nr. 1: Ein Undeniable-Reversal tritt in der Woche vom 17. Dezember 1991 auf.

Ein Signal wird in der folgenden Woche am 13. Dezember bei 226.27 ausgelöst, als die Preise das Vorwochen-High um 0.25 Punkte übersteigen. Das Low der Vorwoche lag bei 218.04, weshalb wir 220er September-Puts verkaufen. Der Markt steigt über die nächsten drei Wochen an, dreht aber in der vierten Woche.

Bei einem Sell-Off wie diesem werden Sie Ihre Position eventuell einige Tage früher schließen wollen. Die vierte Woche schließt allerdings nahe unseres Kaufsignalpreises, und wir nehmen den vierwöchigen Zeitwertverlust mit.

Beispiel Nr. 2: Der Ölindex erreicht in der Woche vom 24. Januar 1992 ein mittelfristiges High und dreht anschließend.

In der folgenden Woche wird bei 231.12, 0.25 Punkte unter dem Vorwochen-Low, ein Verkaufssignal ausgelöst. Wir verkaufen daraufhin die 230er März-Calls.

Beachten Sie die Woche vom 13. Februar. Die vorhergehende Woche zeigte ein Sechswochen-Low und schloß über ihrem Eröffnungskurs. Sie wird dann 0.25 Punkte über dem High vom 6. Februar gehandelt, was uns ein Kaufsignal anzeigt. Wir müssen unsere Short-Call-Position glattstellen (um einen kleinen Gewinn zu machen) und verkaufen 220er März-Puts.

Beispiel Nr. 3: Der erste Verlust in über zwei Jahren. Nachdem ein Kaufsignal ausgelöst wurde, dreht der Markt und wird unter dem Low von 222.13 der Woche vom 6. Februar gehandelt. Wir stellen unsere Short-Put-Position mit einem kleinen Verlust bei 222.12 glatt, einen Tick unter dem Low des Reversal-Bar vom 6. Februar.

Beispiel Nr. 4: Die Woche vom 17. März zeigt einen Reversal-Bar.

Unser Kaufsignal wird in der folgenden Woche bei 217.10 ausgelöst. Da das Low des Reversal-Bar bei 211.46 liegt, verkaufen wir 210er März-Puts. Der Markt bewegt sich über einige Tage hinweg seitwärts, bis unser Stop in Kraft tritt, da der Markt in der Woche vom 3. April unter 211.46 handelt.

Beispiel Nr. 5: Hierbei handelt es sich um eine Woche, die uns durch unsere Stop-Marke zum Ausstieg aus den Puts zwingt, dann aber doch noch dreht.

Bei 216.92 erhalten wir in der folgenden Woche ein neues Kaufsignal und verkaufen daraufhin 210er Mai-Puts. Innerhalb der nächsten vier Wochen steigt der Markt um fast 20 Punkte an, was unsere Puts nahezu wertlos werden läßt.

Beispiele 1-5, 25. Oktober 1991 bis 10. Juli 1992

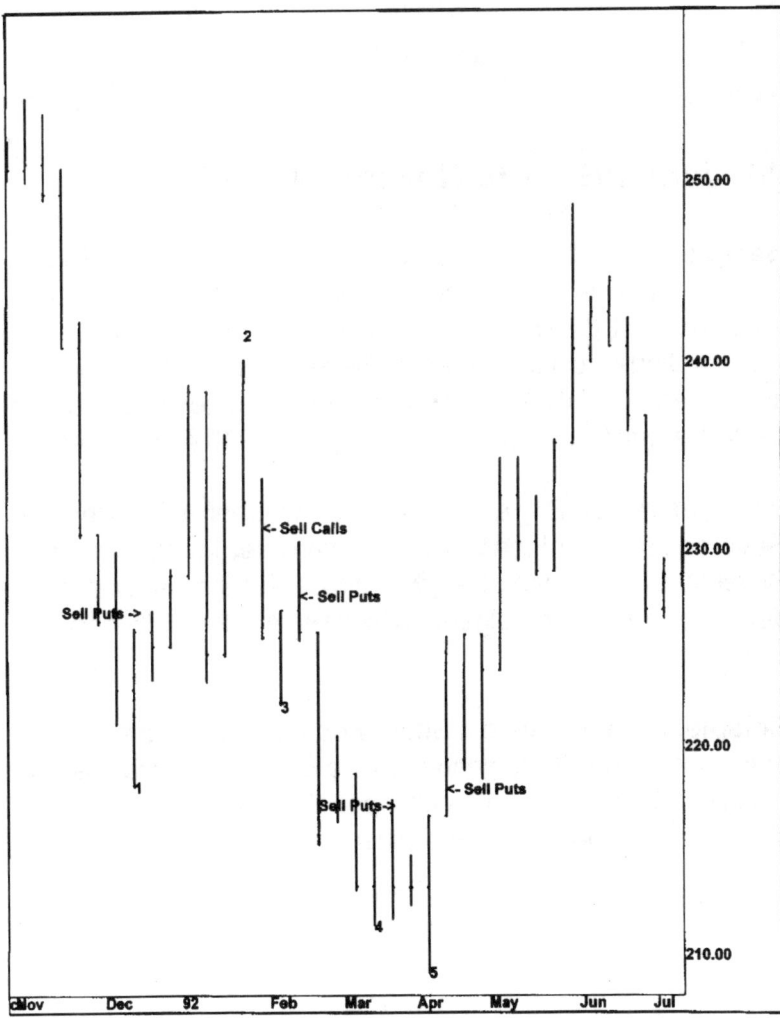

Reprinted with permission of Omega Research Inc.

113

26. Juni 1992 – 6. November 1992

Beispiel Nr. 1: Die Woche vom 7. August zeigt ein Sechs-wochen-High bei 240.46 und dreht anschließend. Die folgende Woche handelt 0.25 Punkte unter dem Vorwochentief von 234.71, was ein Signal auslöst. Die 240er September-Calls werden dar-aufhin verkauft. Wir werden sofort wieder ausgestoppt, da sich der Index am 7. August über dem High von 240.46 befindet.

Beispiel Nr. 2: Ein anderes Sechswochen-High und ein Reversal. In der folgenden Woche wird der Index unter dem Reversal-Bar-Low gehandelt, was ein Short-Signal auslöst. Wieder werden wir in der folgenden Woche mit einem kleinen Verlust ausgestoppt.

Beispiel Nr. 3: Erneut ein Sechswochen-High und ein Close unter dem Open. Die folgende Woche löst unser Verkaufssignal aus, woraufhin wir die 245er Oktober-Calls verkaufen. Vier Wochen später stellen wir die Position mit einem guten Gewinn glatt.

Beispiele 1-3, 26. Juni 1992 bis 6. November 1992

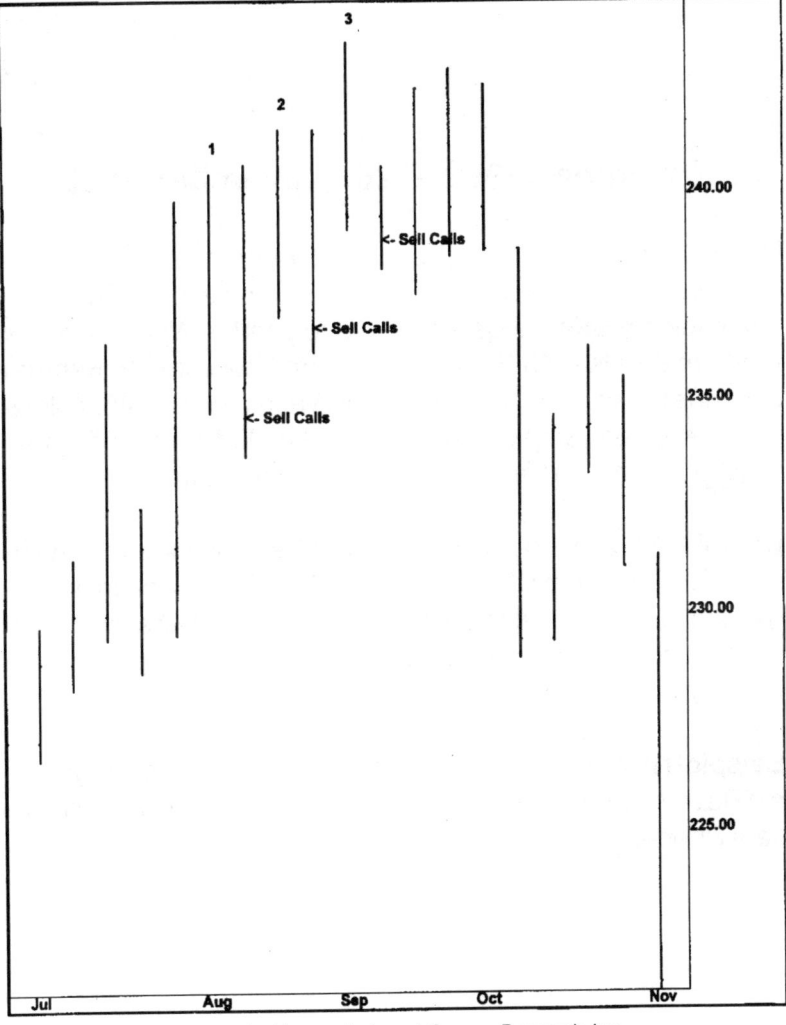

Reprinted with permission of Omega Research Inc.

13. November 1992 – 26. November 1993

Beispiel Nr. 1: In der Woche vom 12. Februar erreicht der Index bei 243.34 ein neues Sechswochen-High und schließt dann unter seinem Eröffnungskurs. In der folgenden Woche wird der Markt mehr als 0.25 Punkte unter dem Low vom 12. Februar gehandelt, was ein Signal auslöst. Wir verkaufen die 245er März-Calls bei einem Stop von 243.35. Als der Markt in der nächsten Woche bei 243.35 liegt, werden wir ausgestoppt.

Beispiel Nr. 2: 11. Juni. Ein weiteres Sechswochen-High zusammen mit einem Close, das unter dem Open liegt. In der folgenden Woche wird ein Verkaufssignal ausgelöst. Die 265er Juli-Calls, in denen wir short sind, werfen vier Wochen später guten Profit ab.

Beispiel Nr. 3: 15. Oktober. Wieder ein Sechswochen-High und ein Reversal. Wir erzielen einen anständigen Gewinn durch unsere Short-Calls.

Beispiele 1-3, 13. November 1992 bis 26. November 1993

Reprinted with permission of Omega Research Inc.

3. Dezember 1993 – 4. November 1994

Beispiel Nr. 1: Ein Sechswochen-High bei 270.13 und ein Reversal. Der Verkauf der 270er März-Calls in der Woche vom 11. Februar stellt sich vier Wochen später wiederum als recht profitabel heraus.

Beispiel Nr. 2: Ein starker Verkaufstrend dreht sich in der Woche vom 8. April um. In der folgenden Woche wird ein Kaufsignal ausgelöst, und der Leerverkauf der 240er Puts wird durch einen anziehenden Markt sofort gewinnbringend.

Beispiel Nr. 3: Ein Sechswochen-Low und ein Reversal. Da der Markt sich über die nächsten vier Wochen nach oben bewegt, wird der Verkauf der 255er Puts recht profitabel.

Beispiele 1-3, 3. Dezember 1993 bis 4. November 1994

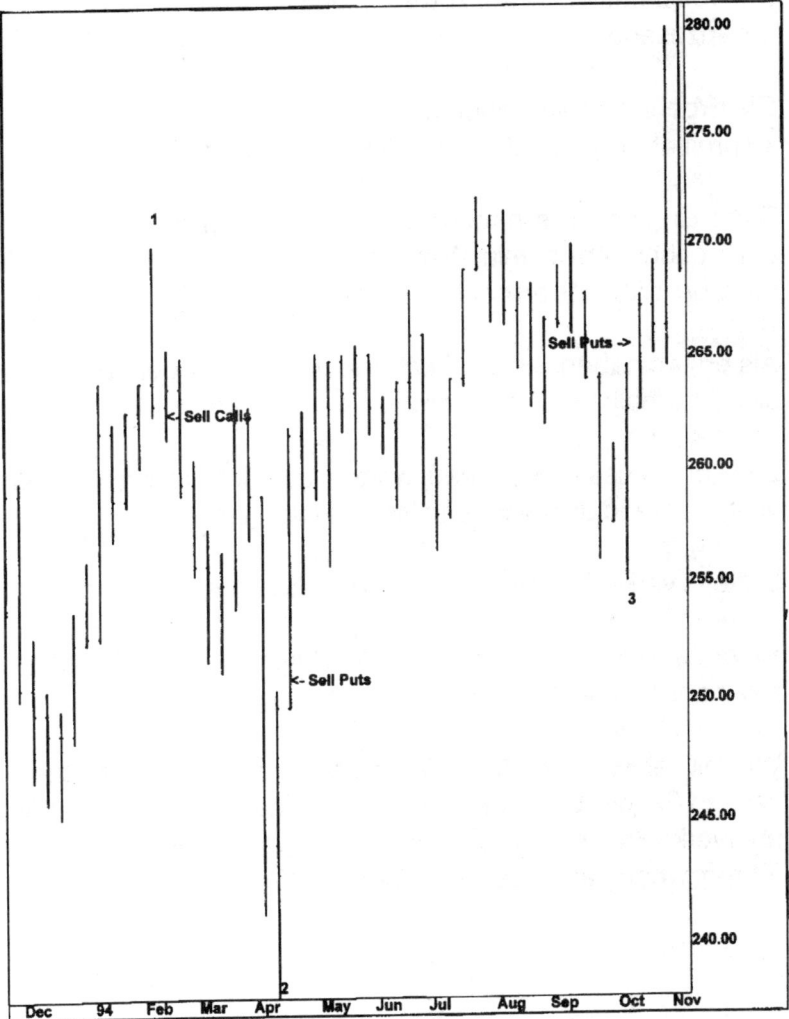

Reprinted with permission of Omega Research Inc.

119

Zusammenfassung

Unserer Meinung nach ist es äußerst informativ, eine Fünfjahres-Periode eines Index auszuwerten und sie sich Handel für Handel anzusehen.

Die Ergebnisse sind eindrucksvoll:
13 profitable, 5 unprofitable = 72 Prozent gewinnbringend

Diese Ergebnisse stimmen mit den bei anderen Indizes erreichten Ergebnissen überein. Warum funktionieren Undeniables? Wir glauben, daß dies an der Kombination von vier Faktoren liegt:

Als erstes haben Sie ein Sechswochen-High oder -Low, was sich innerhalb der Woche dreht.

Zweitens müssen Sie darauf warten, daß das Reversal seinen Weg während der folgenden Woche fortsetzt.

Drittens verkaufen Sie Optionen, die „aus dem Geld" liegen.

Viertens benutzen Sie mit Hilfe der Stops exzellente Kontrollmechanismen im Bereich des Geldmanagements.

Wie mit den Reversal-Modellen der anderen Kapitel auch identifizieren Sie hierbei Märkte, die sich in einem überkauften oder überverkauften Umfeld befinden und die ein Kursfeuerwerk vollführen, wenn das Reversal schließlich eintritt.

KAPITEL V

- CONNORS-HAYWARD ADVANCE-DECLINE TRADING PATTERN™ -

*"... in the affairs of men
There are tides, which taken
at the flood, lead on to fortune. "*

Shakespeare

Das Connors-Hayward Advance-Decline Trading Pattern (CHADTP) ist ein urheberrechtlich geschützter Indikator, den wir zum Identifizieren von kurz- und mittelfristig überkauften und überverkauften Bedingungen am Aktienmarkt und am S&P 500-Futures-Markt einsetzen.

Wie wir herausgearbeitet haben, sind wir große Anhänger des Identifizierens von Trendwenden. Die besten Profite werden dann erzielt, wenn man am Markttief Käufer und am Markthoch Verkäufer sein kann. Das CHADTP stellt einen Indikator dar, der uns beim Aufspüren solcher Marktwenden hilft, die zu möglichst kräftigen Gewinnen führen.

Der Aufbau des CHADTP ist einfach:

1. Addieren Sie die ansteigenden Werte der letzten fünf Tage an der New York Stock Exchange.
2. Addieren Sie die absteigenden Werte der letzten fünf Tage an der NYSE.
3. Subtrahieren Sie das Ergebnis aus Nr. 2 von dem Ergebnis aus Nr. 1.
4. Dividieren Sie durch fünf.

Hier sind die zwei Regeln, um das CHADTP zu handeln:

1. Wenn der Fünftageswert über +400 Punkten liegt, ist der Markt überkauft, liegt der Fünftageswert unter 400 Punkten, ist

der Markt überverkauft. Leider bedeutet ein Wert von –400 nicht, daß wir blindlings im Markt kaufen sollten; und nur weil der Wert bei +400 liegt, sollten wir nicht im Markt verkaufen.

2. Wann immer wir einen überkauften oder überverkauften Wert erhalten, warten wir auf ein bestimmtes Preisreversal, bevor wir in den Markt einsteigen. Wenn der CHADTP-Wert +400 oder mehr beträgt, werden wir nur dann im Markt verkaufen, wenn sich die S&P 500-Futures 0.10 Punkte unter dem Vortagestief befinden. Erhalten wir zum Beispiel einen Wert von +422 bei einem Tagestief von 453.80, werden wir dies nur dann als Verkaufssignal akzeptieren, wenn der Markt am folgenden Tag bei 453.70 oder tiefer gehandelt wird. Wenn das Tagestief des folgenden Tages bei 454.60 und der CHADTP bei über 400 liegt, werden wir nur dann verkaufen, wenn der Markt am nächsten Tag bei 454.50 oder tiefer gehandelt wird, usw.

Was die Kaufseite angeht, werden wir bei einem aktuellen CHADTP-Wert von –400 oder weniger nur dann kaufen, wenn der S&P des folgenden Tages 0.10 Punkte über dem heutigen Hoch liegt, usw.

Die folgenden Beispiele werden Ihnen die Anwendung dieser Regeln veranschaulichen, zuvor müssen wir jedoch erörtern, welche Rolle die Medien in dieser Handelsstrategie spielen. Wie vielen bekannt ist, sind Zeitungen bei schwachen Märkten mit negativen und bei starken Märkten mit positiven Meldungen gefüllt. Sie müssen aufpassen, daß diese Meldungen Sie nicht vom CHADTP-Signal abbringen. Wie die Beispiele zeigen, können die Argumente der Analysten und Marktbeobachter zu diesen Zeitpunkten sehr überzeugend wirken; Sie müssen es allerdings vermeiden, davon beeinflußt zu werden.

Beispiel Nr. 1:

1.) Am 2. Februar 1994 – der Markt befindet sich auf einem All-Time-High – erreicht der CHADTP +400.60, womit er uns vor einem überkauften Markt warnt. (Denken Sie daran, daß die CHADTP-Werte nach dem Close berechnet werden.) Ein Signal wird ausgelöst, wenn der März-Kontrakt des S&P 500 0.10 Punkte unter dem Vortagestief von 479.65 gehandelt wird.

2.) Eine Markteuphorie kommt auf. Die Morgenzeitungen zitieren Guru über Guru, die einen Marktaufschwung über das 4000er Level hinaus bis hin zu 4200 Punkten prophezeien. Der Markt eröffnet jedoch tiefer und beginnt abzufallen. Bei 479.55 wird 0.10 Punkte unter dem Vortagestief ein CHADTP-Signal ausgelöst.

3.) Manchmal kann ein wenig Glück ganz hilfreich sein. Einen Tag nachdem unser Verkaufssignal ausgelöst wurde, hebt die Federal Reserve die Leitzinsen zum ersten Mal in 3 1/2 Jahren an. Der Markt bricht ein (und die Gurus brechen zusammen) und schließt mehr als 11 S&P-Punkte und mehr als 87 Dow-Punkte tiefer.

4.) Unsere Nachforschungen haben ergeben, daß der CHADTP die zuverlässigsten Ergebnisse in einer Fünf- bis Siebentageperiode liefert, den Handelstag eingeschlossen. (Die Analyse am Ende dieses Kapitels liefert Ihnen dazu weitere Anmerkungen.) In diesem Fall schließt der Markt 9.65 S&P-Punkte unter unserem Sell-Short-Signal. (Was den 10. Dezember 1994 angeht, muß der S&P 500 erst einmal höher als am 2. Februar handeln!)

Obwohl dieses Beispiel informativ ist, ist es nicht gerade typisch. Es ist selten, daß eine so wichtige Nachricht veröffentlicht wird, nachdem das CHADTP-Signal ausgelöst wurde. Wie die nächsten Beispiele zeigen, können Gewinne, die ohne Nachrichtenereignisse erzielt werden, ebenso bedeutsam sein.

Beispiel 1 - S&P-Futures, März 1994

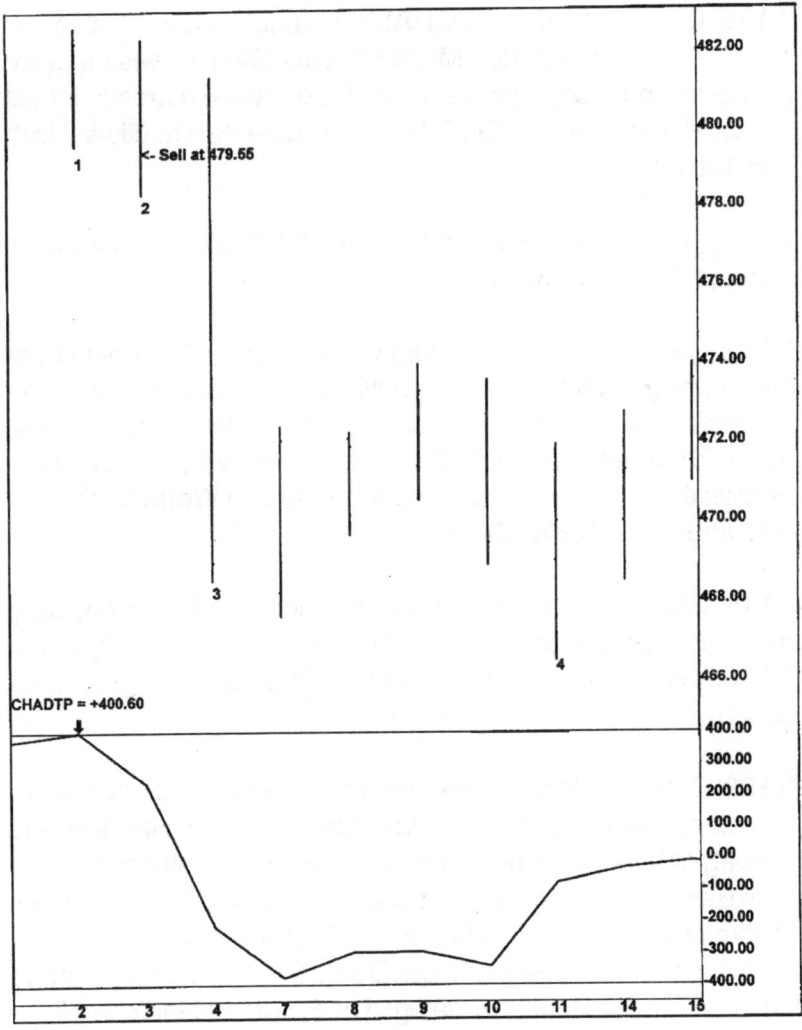

Reprinted with permission of Omega Research Inc.

Beispiel Nr. 2:

1.) 10. Oktober 1990 – der CHADTP erreicht –403.60, was uns auf einen überverkauften Markt hinweist. Wie wir wissen, wird ein Kaufsignal ausgelöst, wenn der Dezember-Futures-Kontrakt des S&P am folgenden Tag 0.10 Punkte über dem heutigen Hoch von 309.30 liegt.

2.) 11. Oktober – Das Hoch liegt nicht 0.10 Punkte über dem Vortageshoch. Wir warten ab.

3.) 12. Oktober – Das Hoch liegt wieder nicht 0.10 Punkte über dem Vortageshoch. Obwohl der Markt höher schließt, müssen wir weiterhin ausharren. Wir wissen jedoch, daß wir dem Signal näher kommen. Das Wall Street Journal zitiert den Vizepräsidenten einer Vermögensverwaltung mit den Worten: „Dies ist eine angsteinflößende Zeit."

4.) 15. Oktober – Der Markt verliert morgens stark an Wert, dreht dann aber. Später am Tag bekommen wir unser Kaufsignal bei 304.35. Wir können ziemlich sicher sein, daß die jüngste Kursabschwächung nun vorbei ist.

5.) 23. Oktober – Wie bereits angemerkt, wird das beste Ergebnis erzielt, wenn die Position über fünf bis sieben Handelstage hinweg gehalten wird (einschließlich des Handelstages). In diesem Beispiel mit einer sechstägigen Handelsperiode und einem Marktschluß von 315.50 hat der S&P 500 seit unserem Kaufsignal um 11.15 Punkte und der Dow Jones Industrial Average um ungefähr 92 Punkte zugelegt. Die Futures-Händler realisieren $ 5.000 Profit pro Kontrakt, und Aktienkäufer konnten bei einem mittelfristigen Markttief einsteigen.

Beispiel 2 - S&P 500-Futures, Dezember 1990

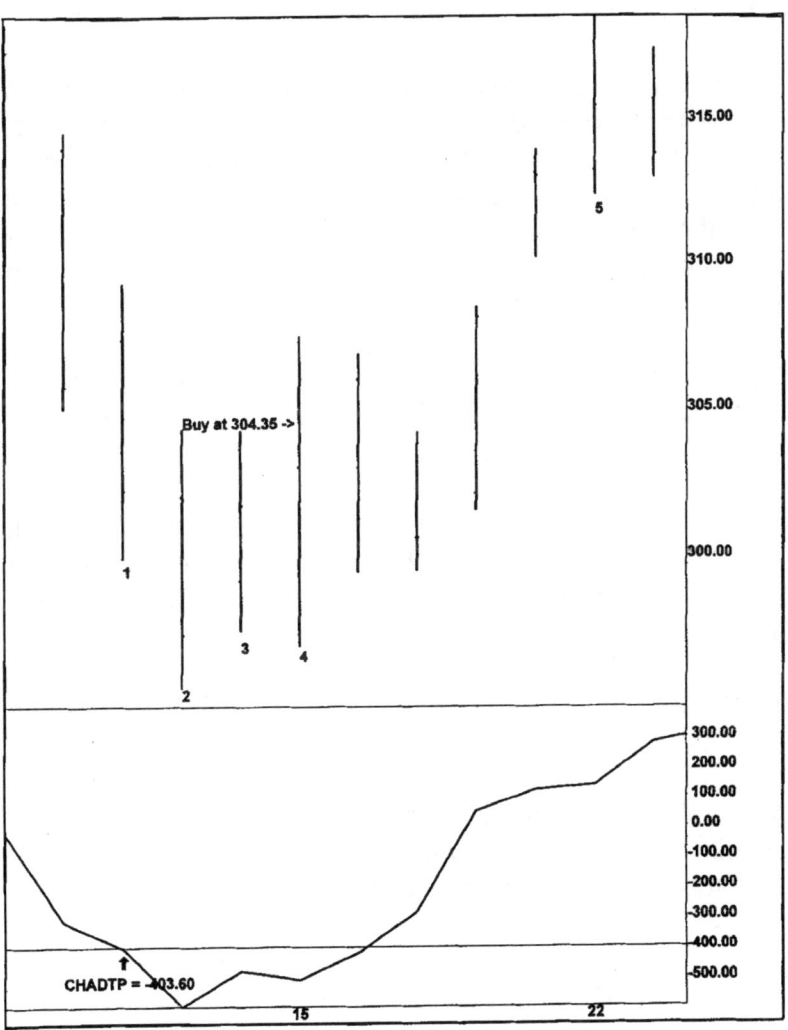

Reprinted with permission of Omega Research Inc.

Beispiel Nr. 3:

1.) 8. April 1992 – Unser CHADTP-Indikator erreicht –472.80 und warnt uns vor einem bevorstehenden Tief. Wir werden den Juni-S&P 500 kaufen, wenn der Markt am folgenden Tag 0.10 Punkte über dem Hoch von 397.70 des letzten Tages gehandelt wird. Eine weitere Warnung vor einem Tief liefert die New York Times, die einen Marktanalysten zitiert: „Das niedrige Volumen weist darauf hin, daß die Leute in gedrückter Stimmung sind. Das bedeutet, daß sich in diesem Markt wahrscheinlich über einen längeren Zeitraum hinweg ein Boden bildet."

2.) 9. April – Die morgendliche New York Times zitiert den Chefanalysten eines großen Brokerhauses mit den Worten: „Es sieht nicht so aus, als ob die Verluste ein Ende haben würden."

Kurz nach der Eröffnung katapultiert sich der Markt nach oben, löst unser Kaufsignal bei 397.80 aus und beendet den Tag fast fünf S&P-Punkte und 43.51 Dow-Punkte höher. (Nun scheint es, als hätten die Verluste ein Ende gefunden.)

3.) 16. April – Der Markt befindet sich um 19 S&P-Punkte und 144 Dow-Punkte höher als unser Kaufsignal.

4.) 20. April – Sieben Handelstage sind vergangen, und es scheint, als sei unser Aufwärtstrend erschöpft. Ein CHADTP-Verkaufssignal wurde am vorangegangenen Tag ausgelöst.

Obwohl wir keine großen Anhänger von Optionskäufen sind, sind die möglichen Gewinne nach einem CHADTP-Signal sehr hoch. Als am 9. April unser Signal ausgelöst wurde, konnten die OEX 375er April-Calls zu 2 5/8 gekauft werden. Sechs Tage später schlossen sie bei 16 1/8!

Beispiel 3 - S&P 500-Futures, Juni 1992

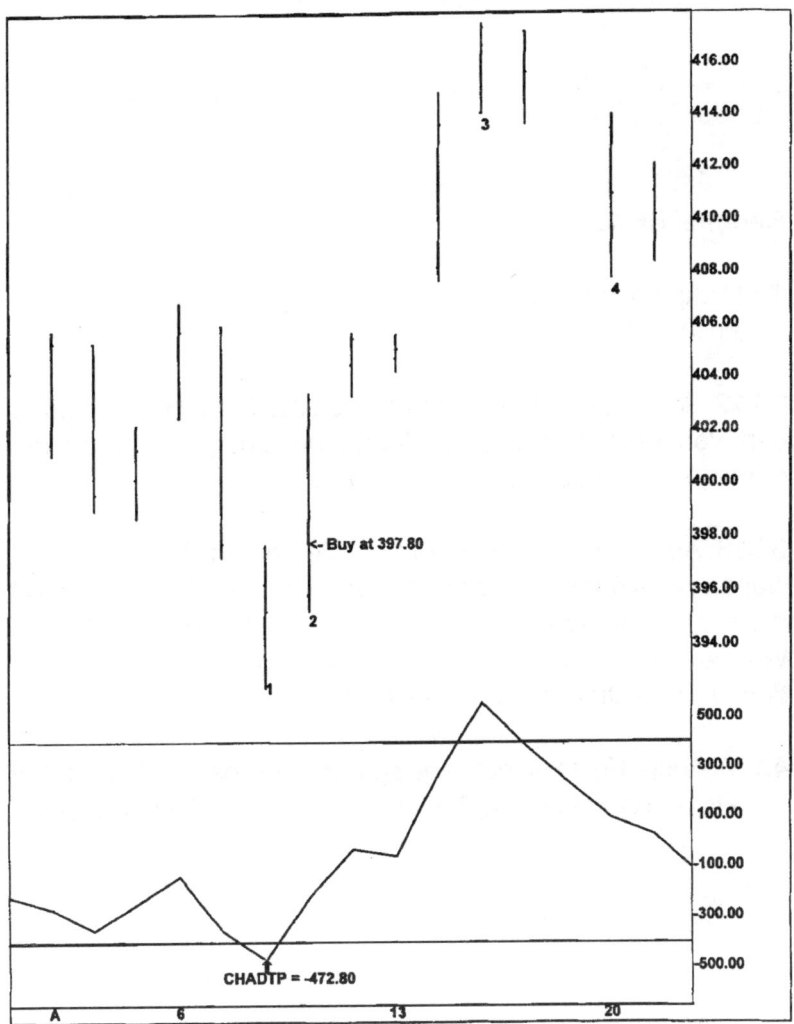

Reprinted with permission of Omega Research Inc.

Beispiel Nr. 4:

1.) 11. April 1988 – Der CHADTP erreicht +495.60, was uns vor einem Markthoch warnt.

2.) 12. April – Der Markt befindet sich nicht 0.10 Punkte unter dem Vortagestief von 369.75. Deshalb wird noch kein Signal gegeben, short zu gehen.

3.) 13. April – Die New York Times zitiert einen Vermögensverwalter: „Das überschüssige, zur Seite gelegte Geld bekommt die Hitze dieser unerwarteten Stärke in den Aktien zu spüren." Wie dem auch sei, der Markt befindet sich 0.10 Punkte unter dem Vortagestief und gibt uns damit ein Verkaufssignal.

4.) 20. April – Fünf Handelstage später liegen der S&P 500 12.85 Punkte und der Dow 100 Punkte tiefer als in der letzten Woche.

Beispiel 4 - S&P 500-Futures, Juni 1988

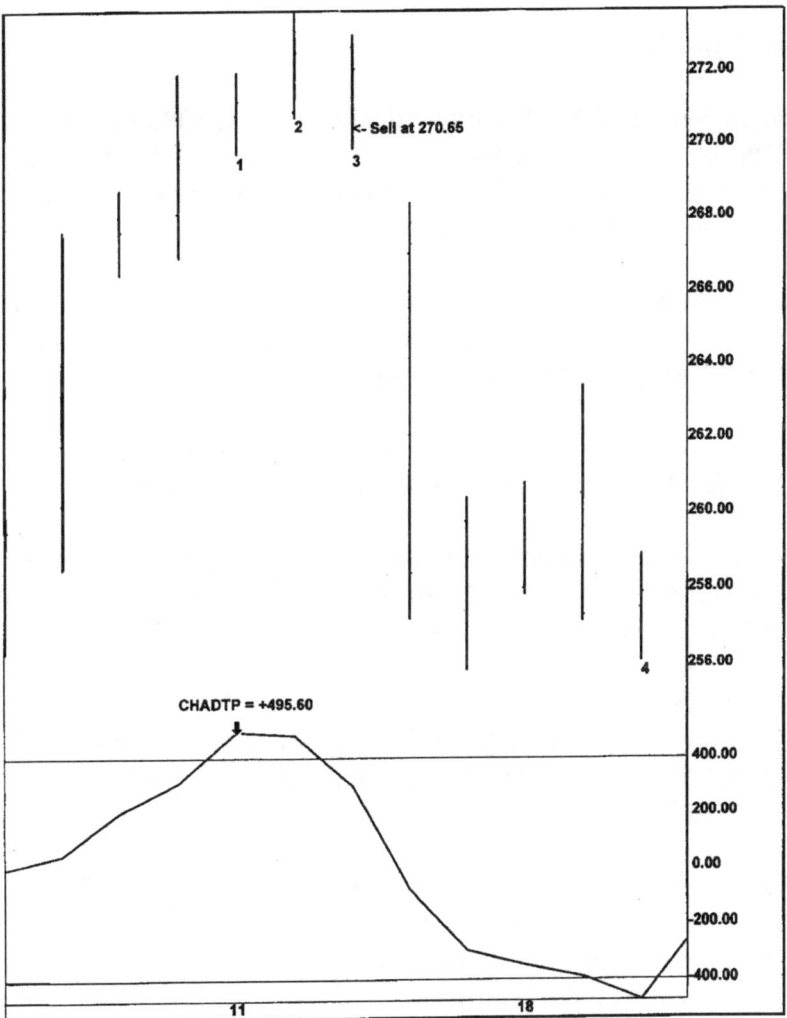

Reprinted with permission of Omega Research Inc.

Beispiel Nr. 5:

1.) 2. Januar 1990 – Nachdem der Markt Ende 1989 stark zugelegt hat, zeigt uns der CHADTP-Indikator einen überkauften Wert von +405.80 an. Das Wall Street Journal spricht von einem „heiteren Ausblick" des Marktes.

2.) 3. Januar – Das Tageslow befindet sich nicht 0.10 Punkte unter dem Vortagestief von 355.50. Das Wall Street Journal spricht von „positiven saisonalen Faktoren".

3.) 4. Januar – Der Markt handelt 0.10 Punkte unter dem Vortageslow von 361.30, was ein Verkaufssignal erzeugt.

4.) 12. Januar – Sieben Handelstage sind vergangen, und der Marktabschwung kommt deutlich zum Tragen. Der S&P 500 notiert 20.25 Punkte tiefer (mehr als $10.000 pro S&P-Kontrakt!).

Nebenbei bemerkt: Ein paar Tage nachdem unser Signal ausgelöst wurde, gab eine große Zeitung einen Vermögensverwalter mit der Aussage wieder, der Markt „verhalte sich ziemlich gut". (Au!)

Optionstrader haben in diesem Beispiel hervorragende Gewinne realisiert. Als das Verkaufssignal am 4. Januar angezeigt wurde, lagen die 335er Januar-Puts bei 4 7/8. Sie schlossen sieben Handelstage später bei 18 3/4!

Beispiel 5 - S&P 500-Futures, März 1990

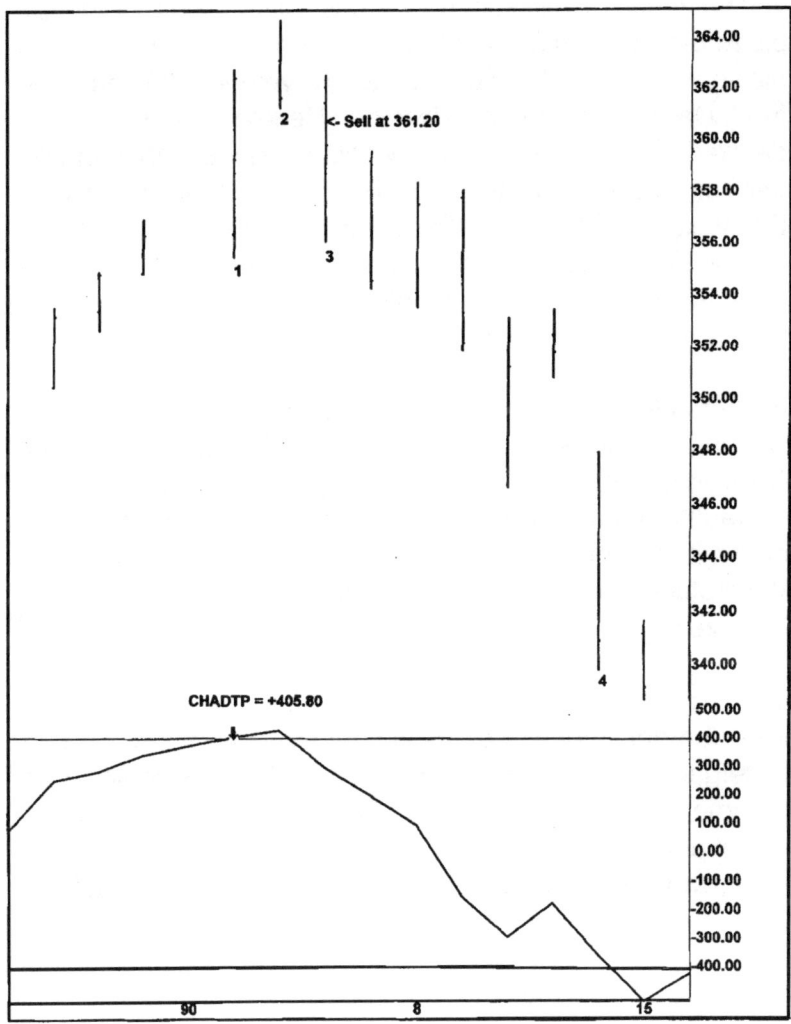

Reprinted with permission of Omega Research Inc.

133

Zusammenfassung

Wie Sie sehen konnten, leistet der CHADTP beim Aufspüren von kurz- und mittelfristigen Tops und Bottoms gute Arbeit. Um die Effektivität des CHADTP zu beweisen, haben wir eine Studie vom 1. Januar 1988 bis zum 29. November 1994 durchgeführt. Dabei wendeten wir dieselben Regeln an und schlossen die Trades am Close des sechsten Handelstages. Während dieser Zeit war der Indikator in 74 Prozent der Fälle erfolgreich! Des weiteren erzielten einige Optionspositionen aufgrund der Stärke dieser Bewegungen binnen sechs Tagen Gewinne von über 500 Prozent. (Die Ergebnisse sind in der nachfolgenden Handelsübersicht aufgelistet.)

Es gibt viele Strategien, bei denen man diesen Indikator zur Anwendung bringen kann. Bei Kaufsignalen können Aktien gekauft, Calls erworben, Short-Positionen eingedeckt, Bull-Put-Spreads verkauft werden, S&P-Futures gekauft werden usw., alle kombiniert mit verschiedenen Geldmanagement-Strategien. Auf der Verkaufsseite können Sie die umgekehrten Handelsstrategien benutzen.

Die Hauptfunktion dieses Indikators liegt darin, Sie davor zu schützen, von der Euphorie eines aufsteigenden Marktes und der Untergangsstimmung eines absinkenden Marktes gefangengenommen zu werden. Vergessen Sie nicht, daß die größten Gewinne auftreten, wenn Sie kaufen, während jeder andere verkauft, und wenn Sie verkaufen, während jeder andere kauft.

CHADTP Performance Summary

chadtp S&P Index - CME-Daily 01/04/88 - 12/02/94

Performance Summary: All Trades

Total net profit	$49,525.00	Open position P/L	$ 0.00
Gross profit	$95,450.00	Gross loss	$-45,925.00
Total # of trades	53	**Percent profitable**	74%
Number winning trades	39	Number losing trades	14
Largest winning trade	$8,100.00	Largest losing trade	$8,250.00
Average winning trade	$2,447.44	Average losing trade	$-3,280.36
Ratio avg. win/avg loss	0.75	Avg trade (win & loss)	$934.43
Max consec. winners	7	Max consec. losers	3
Avg. # bars in winners	5	Avg # bars in losers	5
Max intraday drawdown	$-14,250.00		
Profit factor	2.08	Max # contracts held	1
Account size required	$14,250.00	Return on account	348%

Performance Summary: Long Trades

Total net profit	$44,725.00	Open position P/L	$ 0.00
Gross profit	$65,500.00	Gross loss	$-20,775.00
Total # of trades	33	**Percent profitable**	76%
Number winning trades	25	Number losing trades	8
Largest winning trade	$8,100.00	Largest losing trade	$-5,775.00
Average winning trade	$2,620.00	Average losing trade	$2,596.88
Ratio avg. win/avg loss	1.01	Avg trade (win & loss)	$1,355.30
Max consec. winners	14	Max consec. losers	2
Avg. # bars in winners	5	Avg. # bars in losers	5
Max intraday drawdown	$-12,400.00		
Profit factor	3.15	Max # contracts held	1
Account size required	$12,400.00	Return on account	361%

Performance Summary: Short Trades

Total net profit	$4,800.00	Open position P/L	$ 0.00
Gross profit	$29,950.00	Gross loss	$-25,150.00
Total # of trades	20	**Percent profitable**	70%
Number winning trades	14	Number losing trades	6
Largest winning trade	$6,375.00	Largest losing trades	$-8,250.00
Average winning trade	$2,139.29	Average losing trade	$-4,191.67
Ratio avg. win/avg loss	0.51	Avg trade (win & loss)	$240.00
Max consec. winners	5	Max consec. losers	3
Avg # bars in winners	5	Avg. # bars in losers	5
Max intraday drawdown	$-15,425.00		
Profit factor	1.19	Max # contracts held	1
Account size required	$15,425.00	Return on account	31%

Reprinted with permission of Omega Research Inc.

chadtp S&P 500 Index—CME-Daily 01/04/88–12/02/94

Date	Time	Type	Cnts	Price	Signal Name	Entry P/L	Cumulative
03/29/88		Buy	1	261.05			
04/06/88		LExit	1	267.40		$ 3175.00	$ 3175.00
04/13/88		Sell	1	270.65			
04/20/88		SExit	1	257.90		$ 6375.00	$ 9550.00
04/21/88		Buy	1	259.00			
04/28/88		LExit	1	263.40		$ 2200.00	$11750.00
05/24/88		Buy	1	253.80			
06/01/88		LExit	1	266.85		$ 6525.00	$18275.00
06/07/88		Sell	1	264.50			
06/14/88		SExit	1	276.70		$–6100.00	$12175.00
06/15/88		Sell	1	275.00			
06/22/88		SExit	1	277.95		$–1475.00	$10700.00
08/12/88		Buy	1	263.90			
08/19/88		LExit	1	261.95		$ –975.00	$ 9725.00
11/18/88		Buy	1	266.90			
11/28/88		LExit	1	268.95		$ 1025.00	$10750.00
02/28/89		Buy	1	289.25			
03/07/89		LExit	1	294.90		$ 2825.00	$13575.00
07/12/89		Sell	1	331.00			
07/19/89		SExit	1	338.25		$–3625.00	$ 9950.00
10/18/89		Buy	1	345.40			
10/25/89		LExit	1	344.65		$ –375.00	$ 9575.00
10/31/89		Buy	1	339.70			
11/07/89		LExit	1	336.30		$–1700.00	$ 7875.00
12/21/89		Buy	1	348.60			
12/29/89		LExit	1	356.35		$ 3875.00	$11750.00
01/04/90		Sell	1	361.20			
01/11/90		SExit	1	351.85		$ 4675.00	$16425.00
01/16/90		Buy	1	341.80			
01/23/90		LExit	1	330.25		$–5775.00	$10650.00
01/25/90		Buy	1	334.00			
02/01/90		LExit	1	330.10		$–1950.00	$ 8700.00
04/26/90		Buy	1	335.05			

chadtp S&P 500 Index—CME-Daily 01/04/88–12/02/94

Date	Time	Type	Cnts	Price	Signal Name	Entry P/L	Cumulative
05/03/90		LExit	1	337.15		$ 1050.00	$ 9750.00
07/25/90		Buy	1	358.45			
08/01/90		LExit	1	357.45		$ −500.00	$ 9250.00
08/08/90		Buy	1	341.10			
08/15/90		LExit	1	341.65		$ 275.00	$ 9525.00
08/24/90		Buy	1	313.20			
08/31/90		LExit	1	322.55		$ 4675.00	$14200.00
09/26/90		Buy	1	311.65			
10/03/90		LExit	1	313.70		$ 1025.00	$15225.00
10/15/90		Buy	1	304.35			
10/22/90		LExit	1	315.50		$ 5575.00	$20800.00
11/15/90		Sell	1	318.30			
11/23/90		SExit	1	315.50		$ 1400.00	$22200.00
12/07/90		Sell	1	329.00			
12/14/90		SExit	1	327.20		$ 900.00	$23100.00
01/29/91		Sell	1	336.30			
02/05/91		SExit	1	352.80		$−8250.00	$14850.00
02/13/91		Sell	1	366.00			
02/21/91		SExit	1	365.90		$ 50.00	$14900.00
06/04/91		Sell	1	387.50			
06/11/91		SExit	1	382.10		$ 2700.00	$17600.00
06/26/91		Buy	1	375.50			
07/03/91		LExit	1	376.00		$ 250.00	$17850.00
08/27/91		Sell	1	393.50			
09/04/91		SExit	1	391.20		$ 1150.00	$19000.00
11/26/91		Buy	1	378.20			
12/04/91		LExit	1	380.55		$ 1175.00	$20175.00
01/02/92		Sell	1	414.20			
01/09/92		SExit	1	418.95		$−2375.00	$17800.00
04/09/92		Buy	1	397.80			
04/16/92		LExit	1	414.00		$ 8100.00	$25900.00
04/16/92		Sell	1	414.00			
04/24/92		SExit	1	408.80		$ 2600.00	$28500.00
06/23/92		Buy	1	404.50			

chadtp S&P 500 Index—CME-Daily 01/04/88–12/02/94

Date	Time	Type	Cnts	Price	Signal Name	Entry P/L	Cumulative
06/30/92		LExit	I	409.50		$ 2500.00	$31000.00
08/26/92		Buy	I	412.00			
09/02/92		LExit	I	418.10		$ 3050.00	$34050.00
02/05/93		Sell	I	448.00			
02/12/93		SExit	I	444.70		$ 1650.00	$35700.00
03/04/93		Sell	I	447.75			
03/11/93		SExit	I	454.40		$-3325.00	$32375.00
11/08/93		Buy	I	460.00			
11/15/93		LExit	I	464.30		$ 2150.00	$34525.00
11/23/93		Buy	I	461.70			
12/01/93		LExit	I	462.90		$ 600.00	$35125.00
02/03/94		Sell	I	479.55			
02/10/94		SExit	I	469.45		$ 5050.00	$40175.00
04/05/94		Buy	I	443.00			
04/12/94		LExit	I	448.00		$ 2500.00	$42675.00
04/21/94		Buy	I	445.00			
04/29/94		LExit	I	447.15		$ 1075.00	$43750.00
04/29/94		Sell	I	447.15			
05/06/94		SExit	I	446.60		$ 275.00	$44025.00
05/10/94		Buy	I	446.60			
05/17/94		LExit	I	450.65		$ 2025.00	$46050.00
06/23/94		Buy	I	455.50			
06/30/94		LExit	I	445.05		$-5225.00	$40825.00
08/04/94		Sell	I	459.80			
08/11/94		SExit	I	458.40		$ 700.00	$41525.00
08/30/94		Sell	I	474.25			
09/07/94		SExit	I	470.65		$ 1800.00	$43325.00
09/27/94		Buy	I	463.60			
10/04/94		LExit	I	455.05		$-4275.00	$39050.00
10/06/94		Buy	I	455.85			
10/13/94		LExit	I	469.15		$ 6650.00	$45700.00
10/14/94		Sell	I	467.00			
10/21/94		SExit	I	465.75		$ 625.00	$46325.00
10/26/94		Buy	I	463.50			

chadtp S&P 500 Index—CME-Daily 01/04/88–12/02/94

Date	Time	Type	Cnts	Price	Signal Name	Entry P/L	Cumulative
11/02/94		LExit	1	466.85		$ 1675.00	$48000.00
11/08/94		Buy	1	465.00			
11/15/94		LExit	1	465.65		$ 325.00	$48325.00
11/25/94		Buy	1	451.50			
12/02/94		LExit	1	453.90		$ 1200.00	$49525.00

Kapitel VI

- Neue Märkte, neue Indikatoren -

*"We keep moving forward, opening doors,
and doing new things, because we're curious
and curiosity keeps leading us down new paths."*

Walt Disney

NDX-SPX

Der NDX-SPX wird eingesetzt, um zukünftige Bewegungen im Aktienmarkt voraussagen zu können. Wie wir beobachten konnten und wie unsere Versuche bewiesen haben, neigt der NASDAQ 100 Index dazu, den S&P 500 Index sowohl in aufsteigende als auch in absteigende Bewegungen zu führen.

Lassen Sie uns kurz die Zusammensetzung der Indices beschreiben. Der S&P 500 Index (SPX) umfaßt 500 handelsstarke Aktien, die praktisch alle Branchen repräsentieren. Der NASDAQ 100 Index (NDX) setzt sich aus den 100 größten O.T.C. Werten zusammen. Der Index ist übergewichtet mit Wachstumswerten und sogenannten „Momentum Stocks". Firmen wie Microsoft, Intel, Amgen und Cisco Systems machen diesen Index volatiler als den S&P 500.

Die Aktien des NASDAQ 100 tendieren dazu, das „schnelle Geld" anzuziehen. Wie wir bemerkt haben, gewinnt der NASDAQ 100 vor anderen Marktindizes an Wert und verliert vor anderen Indizes an Wert.

Um unsere Beobachtung zu untermauern, haben wir im Zeitraum vom 1. Januar 1991 bis zum 29. November 1994 eine Studie durchgeführt, woraus folgende Handelsregeln abgeleitet werden können:

1. Nehmen Sie die heutige Differenz des NASDAQ 100 und des S&P 500-Schlußkurses.

2. Ist die Performance des NASDAQ 100 Index stärker als die des S&P 500 Cash Index, kaufen Sie S&P-Futures am Opening des nächsten Tages.

3. Verkaufen Sie Ihre Position an dem Tag, nach dem der NASDAQ 100 Index eine schlechtere Performance als der S&P 500 Cash Index aufweist.

Liegt der NASDAQ heute beispielsweise 3.61 Punkte höher, und notiert der S&P 500-Cash-Markt 2.41 Punkte höher, werden Sie die S&P 500-Futures am Opening des folgenden Tages kaufen und die Position so lange halten, bis der S&P 500-Cash den NASDAQ 100 outperformt. Am Tag nachdem der S&P 500-Index stärker als der NASDAQ 100 ist, verkaufen Sie Ihre S&P 500-Futures zum Opening und bleiben so lange short, bis der NASDAQ 100 den S&P 500 outperformt.

NDX-SPX Perfomance Summary

NDX-SPX S&P 500 Index - CME-Daily 01/02/91 - 11/30/94

Performance Summary: All Trades

Total net profit	**$133,725.00**	Open position P/L	$-500.00
Gross profit	$411,975.00	Gross loss	$-278,250.00
Total # of trades	440	Percent profitable	56%
Number winning trades	248	Number losing trades	192
Largest winning trade	$9,750.00	Largest losing trade	$-8,225.00
Average winning trade	$1,661.19	Average losing trade	$-1,449.22
Ratio avg win/avg loss	1.15	Avg trade (win & loss)	$303.92
Max consec. winners	12	Max consec. losers	5
Avg. # bars in winners	2	Avg. # bars in losers	2
Max intraday drawdown	$-20,250.00		
Profit factor	1.48	Max # contracts held	1
Account size required	$20,250.00	Return on account	660%

Performance Summary: Long Trades

Total net profit	$99,400.00	Open position P/L	$-500.00
Gross profit	$225,725.00	Gross loss	$-126,325.00
Total # of trades	220	Percent profitable	59%
Number winning trades	129	Number losing trades	91
Largest winning trade	$9,200.00	Largest losing trade	$-8,125.00
Average winning trade	$1,749.81	Average losing trade	$-1,388.19
Ratio avg. win/avg loss	1.26	Avg trade (win & loss)	$451.82
Max consec. winners	9	Max consec. losers	7
Avg # bars in winners	2	Avg # bars in losers	2
Max intraday drawdown	$-13,925.00		
Profit factor	1.79	Max # contracts held	1
Account size required	$13,925.00	Return on account	714%

Performance Summary: Short Trades

Total net profit	34,325.00	Open position P/L	$ 0.00
Gross profit	$186,250.00	Gross loss	$-151,925.00
Total # of trades	220	Percent profitable	54%
Number winning trades	119	Number losing trades	101
Largest winning trade	$9,750.00	Largest losing trade	$-8,225.00
Average winning trade	$1,565.13	Average losing trade	$-1,504.21
Ratio avg win/avg loss	1.04	Avg trade (win & loss)	$156.02
Max consec. winners	8	Max consec. losers	7
Avg # bars in winners	2	Avg. # bars in losers	2
Max intraday drawdown	$-12,500.00		
Profit factor	1.23	Max # contracts held	1
Account size required	$12,500.00	Return on account	275%

Reprinted with permission of Omega Research Inc.

NDX-SPX *DWI X S-Daily 01/02/91 - 11/30/94

Performance Summary: All Trades

Total net profit*	**2031.89**	Open position P/L	30.28
Gross profit	6,672.31	Gross loss	-4,640.42
Total # of trades	440	Percent profitable	55%
Number winning trades	241	Number losing trades	199
Largest winning trade	187.42	Largest losing trade	-157.43
Average winning trade	27.69	Average losing trade	-23.32
Ratio avg. win/avg loss	1.19	Avg trade (win & loss)	4.62
Max consec. winners	10	Max consec. losers	4
Avg. # bars in winners	2	Avg. # bars in losers	2
Max intraday drawdown	-325.00		
Profit facotr	1.44	Max # contracts held	1
Account size required	325.00	Return on account	625%

Performance Summary: Long Trades

Total net profit	1,583.29	Open position P/L	30.28
Gross profit	3,616.64	Gross loss	-2,033.35
Total # of trades	220	Percent profitable	60%
Number winning trades	133	Number losing trades	87
Largest winning trade	142.22	Largest losing trade	-148.37
Average winning trade	27.19	Average losing trade	-23.37
Ratio avg. win/avg loss	1.16	Avg trade (win & loss)	7.20
Max consec. winners	10	Max consec. losers	4
Avg. # bars in winners	2	Avg. # bars in losers	2
Max intraday drawdown	-244.26		
Profit factor	1.78	Max # contracts held	1
Account size required	244.26	Return on account	648%

Performance Summary: Short Trades

Total net profit	448.60	Open position P/L	0.00
Gross profit	3,055.67	Gross loss	-2,607.07
Total # of trades	220	Percent profitable	49%
Number winning trades	108	Number losing trades	112
Largest winning trade	187.42	Largest losing trade	-157.43
Average winning trade	28.29	Average losing trade	-23.28
Ratio avg. win/avg loss	1.22	Avg trade (win & loss)	2.04
Max consec. winners	7	Max consec. losers	9
Avg. # bars in winners	2	Avg. # bars in losers	2
Max intraday drawdown	-339.60		
Profit factor	1.17	Max # contracts held	1
Account size required	339.60	Return on account	132%

*Total Dow points.

Wie Sie sehen, sind die Ergebnisse bemerkenswert. Mit diesem mechanischen System haben Sie über 260 S&P-Futures-Punkte mitgenommen, während eine Buy-and-Hold-Strategie im gleichen Zeitraum lediglich 130 Punkte ergeben hat. Der Ertrag beim Dow Jones Industrial Average ist ähnlich erstaunlich. Dieses Programm brachte 2031 Dow-Punkte gegenüber 1173 Punkte bei einer Buy-and-Hold-Strategie ein. Noch bezeichnender ist, daß dieses System in einem starken Bullmarkt auf der Short-Seite profitabel war.

Ein weiterer interessanter Aspekt dieses Indikators ist, daß er in Verbindung mit anderen Indikatoren noch bessere Ergebnisse erzielt. So waren wir zum Beispiel in der Lage, durch eine Kombination des NDX-SPX mit anderen Short-Term-Indikatoren Systeme zu erstellen, die in 80 Prozent der Fälle erfolgreich waren!

Wird der NASDAQ 100 seinen Vorlauf vor anderen Indizes in Zukunft behalten? Wir wissen es nicht. Vom jetzigen Standpunkt aus sollte man dieses Phänomen allerdings genau beobachten und sich eine passende Strategie überlegen, um es gewinnbringend auszubeuten.

VIX

Der CBOE OEX Volatility Index (VIX) ist ein neuartiger Indikator, der 1993 eingeführt wurde. VIX gibt einen Markt „consensus estimate" von zukünftiger Volatilität wieder, basierend auf „at-the-money"-Quotes der OEX-Index-Optionen. 1993 sowie 1994 wurde der VIX hauptsächlich im 11-12.5-Bereich gehandelt. Perioden mit kurzfristigen Preisabschwächungen werden von höheren VIX-Werten begleitet (höhere Volatilität), wohingegen Perioden mit einem kurzfristigen Preisanstieg von niedrigeren VIX-Werten begleitet werden (niedrigere Volatilität). Wenn die Werte extrem hoch oder extrem niedrig ausfallen, sind kurzfristige

Markt-Reversals wahrscheinlich. Diese Reversals geben S&P-Day-Tradern die Möglichkeit, sie auszunutzen.

Hier sind die Regeln unseres VIX-Day-Trading-Programmes:

1. Der VIX muß bei Werten über 15 oder unter 11 schließen, damit für uns ein Signal auftritt. Historisch gesehen ist dies in weniger als 30 Prozent der Fälle passiert. Alle dazwischenliegenden Werte werden ignoriert.

2. Bei über 15 liegenden Werten darf das Opening des folgenden Handelstages kein Gap nach oben zum Opening aufweisen. Bei unter 11 liegenden Werten darf das Opening des folgenden Handelstages kein Gap nach unten zum Opening aufweisen.

3. An einem auf einen VIX-Schlußwert von 15 oder höher folgenden Tag wird ein Buy-Stop 0.50 Punkte über dem Vortageshoch gesetzt. An einem auf einen VIX-Schlußwert von 11 oder niedriger folgenden Tag wird ein Sell-Stop 0.50 Punkte unter dem Vortagestief gesetzt.

4. Wenn der auf den Signal-Tag folgende Tag ein „inside day" ist (das Hoch liegt unter dem Vortageshoch und das Tief liegt über dem Vortagestief), wird das Signal auf den nächsten Handelstag übertragen.

5. Eine Stop-Marke wird 200 Punkte unter der Ausführung an Kauftagen und 200 Punkte über der Ausführung an Verkaufstagen gesetzt.

6. Benutzen Sie einen Trailing-Stop, um Gewinne abzusichern, oder stellen Sie zum Close glatt.

Die folgenden zwei Beispiele werden die Regeln veranschaulichen.

Beispiel Nr. 1: Am 7. November 1994 zeigt der VIX einen Schlußwert von 16.36 an, was uns ein mögliches Signal gibt. Da der Markt am nächsten Morgen nicht mit einem Gap nach oben eröffnet, plazieren wir einen Buy-Stop bei 465.40, 0.50 Punkte über dem Vortageshoch. Nach der Ausführung wird ein Protective-Sell-Stop bei 463.40 gesetzt, 2 Punkte unter unserem Buy-Stop. Der Markt steigt den Tag über an und schließt bei 466.95, 1.55 Punkte über unserem Kaufpunkt.

NEUE MÄRKTE, NEUE INDIKATOREN

Beispiel 1

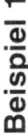

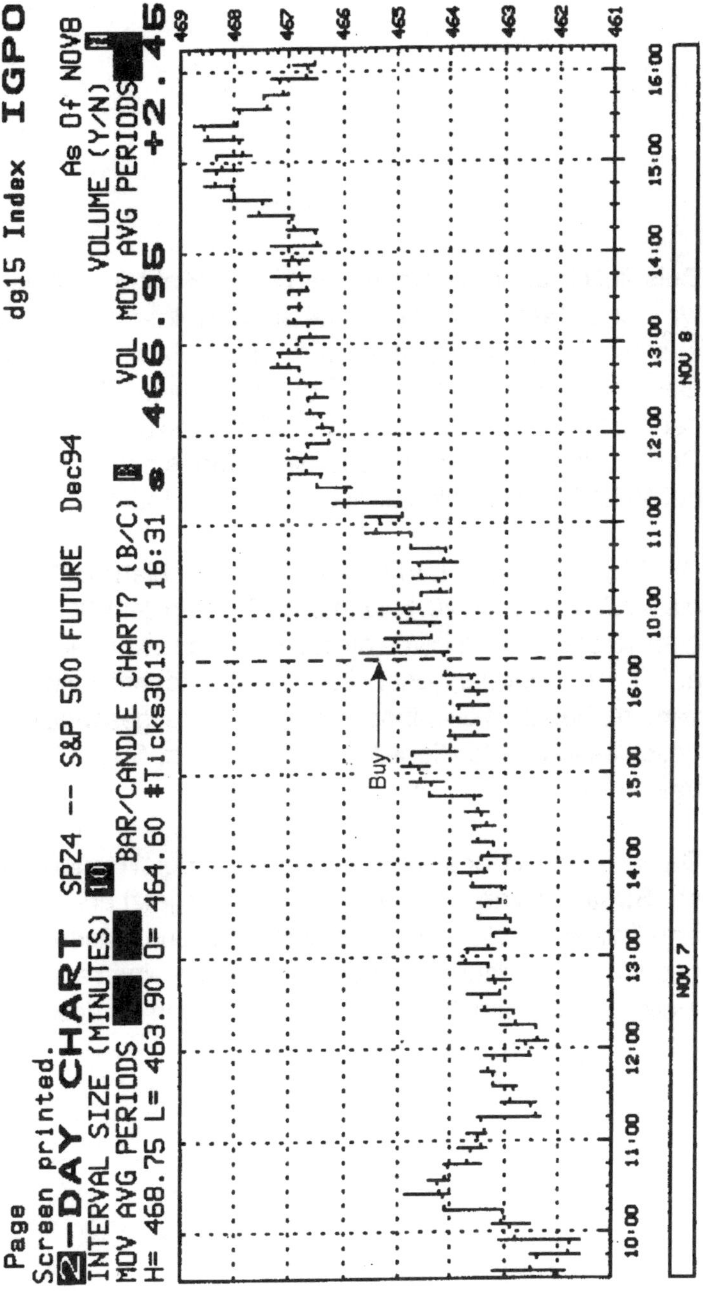

Reprinted with permission of Bloomberg L.P.

149

Beispiel Nr. 2: Am 11. November 1994 schließt der VIX bei 16.92, was ein potentielles Kaufsignal für den folgenden Handelstag auslöst. Am 14. November eröffnet der Markt nicht mit einem Gap nach oben, und ein Buy-Stop wird bei 465.75 plaziert. Nach der Ausführung wird ein Protective-Sell-Stop bei 463.75 gesetzt. Der Markt bewegt sich im Laufe des Tages höher und schließt bei 467.10, 1.35 Punkte über unserem Kaufpunkt.

Die CBOE führte den VIX-Indikator im Frühjahr 1993 ein. Seit dieser Zeit (bis zum 20. November 1994) lag der VIX in 99 Fällen über 15 oder unter 11. Von diesen 99 Fällen basierten 24 Trades auf den vorangegangenen Regeln. Die Ergebnisse waren vielversprechend: 14 Gewinne, 10 Verluste; der gesamte Profit der geschlossenen Positionen (M.O.C.) beträgt $ 10.875 pro Kontrakt (inklusive $ 50 Komission pro Trade).

Da dieser Indikator so neu ist, sollte man beim Handeln mit dieser Strategie Vorsicht walten lassen. Bis jetzt erscheinen die Ergebnisse allerdings sehr erfolgversprechend. Unserer Meinung nach werden weitere Versuche den VIX als einen erstklassigen Indikator zum Identifizieren von Markt-Reversals bestätigen.

Beispiel 2

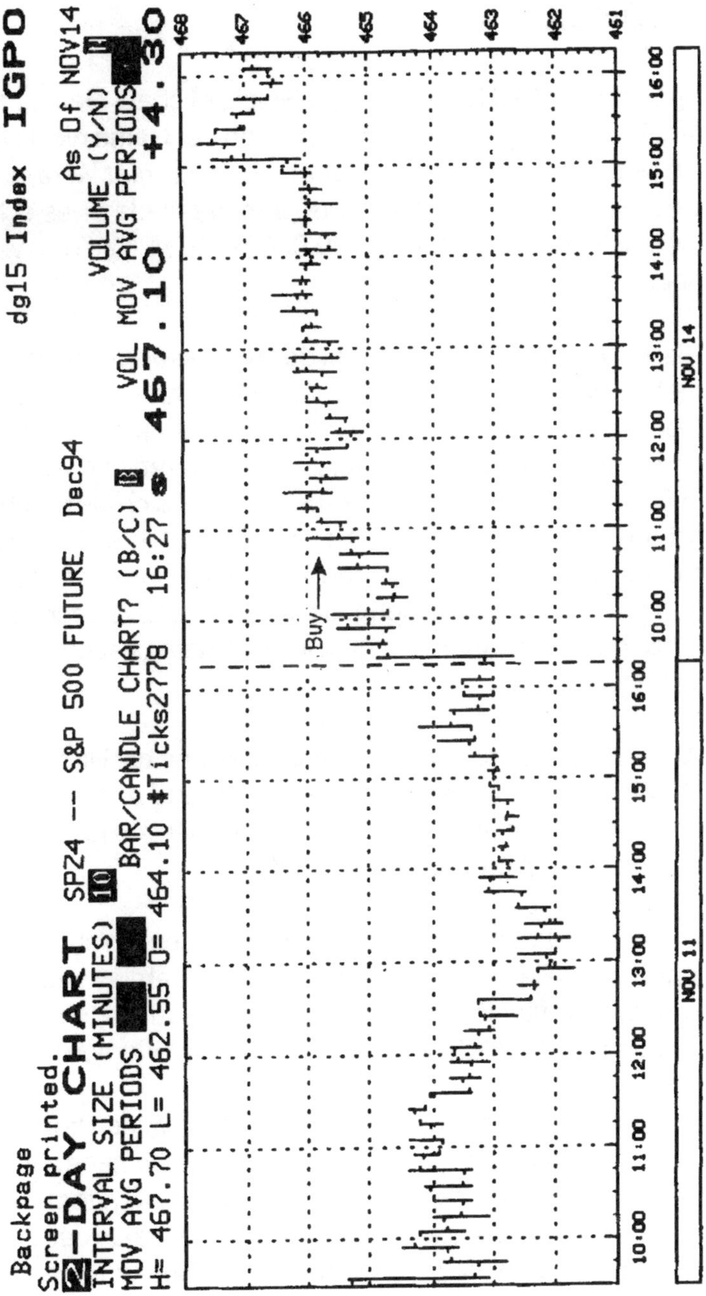

GLOBEX

Im Februar 1990 hatten wir das Glück, Michael Markus zu treffen. Für diejenigen unter Ihnen, denen der Name nicht geläufig ist: Michael war der erste Trader, der in *Market Wizards* interviewt wurde. Diese Ehre wurde ihm zuteil, da er es schaffte, innerhalb eines Jahrzehnts $30.000 in $80 Millionen zu verwandeln.

Als wir ihn trafen, war Michael der Auffassung, daß man nicht mehr erwarten könne, wie er marktdominierend zu sein, indem man die Trends der großen Märkte handelt. Er sah größere Chancen in einem anderen Handelsstil, in neueren und weniger populären Märkten. Michaels Vorhersage hat sich als prophetisch richtig herausgestellt. Über die letzten fünf Jahre hinweg haben die meisten der größeren trendfolgenden Fonds rückläufige Ergebnisse erzielt. Diejenigen, die sich innovative Techniken zunutze gemacht haben, konnten in den 90ern bessere Ergebnisse vorweisen.

Wie wir feststellten, erfüllen der Globex und die Night-Trading-Märkte Michael Markus' Kriterien. Während dies geschrieben wird, sind solche Märkte, auf denen Ineffizienzen fast jede Nacht auftreten, noch größtenteils unentdeckt.

Wir werden Ihnen ein Beispiel dieser Ineffizienzen aufzeigen und Ihnen darstellen, wie wir diese handeln. Überdies geben wir Ihnen zwei profitable Trading-Strategien mit auf den Weg, mit denen die nachbörslichen Sessions gehandelt werden können.

Als wir einen Abend unser Globex S&P Fair Value-Program handelten (es wird später in diesem Kapitel noch näher beschrieben), war unsere Intention, große Orders im System zu lokalisieren. Uns fiel eine Kauforder über 300 Kontrakte des S&P 500 zu 454.50 auf, was gegenwärtig ein großes Volumen für den

Globex darstellt. Als der Globex-Markt am nächsten Morgen noch geöffnet war, wurde eine bearishe Konjunkturnachricht veröffentlicht. Unmittelbar danach sank der Bondmarkt um einen 3/4 Punkt ab; der Globex-Markt behauptete sich fast unverändert bei 454.50. Wir bemerkten, daß die 300er Kauforder zu 454.50 noch immer im System war. Zusammen mit einer Handvoll anderer alarmierter Trader setzten wir uns mit dem Globex Desk in Kontakt und stiegen in den 454.50-Geldkurs ein. Binnen Sekunden, die letzten Kontrakte wurden bei 454.50 gehandelt, sank der Markt um 150 Ticks, wo wir unsere Short-Position eindeckten. Wir machten 150 Ticks in weniger als zwei Minuten. So etwas konnte nur im Globex-System passieren. Hätte sich dies während des Tageshandels ereignet, so wäre der Auftrag über 300 Kontrakte binnen Sekunden nach Erscheinen der Meldung herausgenommen worden.

Wir können Beispiel über Beispiel über die Ineffizienzen geben, die wir im Globex-Markt ausgemacht haben. Für diejenigen, die die Zeit investieren wollen, bieten die Devisenmärkte, aufgrund ihres Liquiditätsmangels, dem scharfsinnigen Spekulanten jede Menge Möglichkeiten zum „Scalpen". Durch das gleichzeitige Beobachten der Cash-Märkte und der Futures-Märkte kann der aufmerksame Händler den Markt am späten Abend effektiv zu seinen Gunsten ausnutzen .

Der effektivste Gebrauch der nächtlichen Märkte liegt allerdings nicht im Scalpen der Globex-Märkte, sondern in der Anwendung von uns entwickelter Pricing-Programme. Im folgenden stellen wir Ihnen zwei dieser Programme vor.

Globex S&P Fair Value Program

Dies ist eine unserer beständigsten Tradingmethoden. Dieses Programm verbindet das durch M.O.C. (Market On Close)-Orders verursachte ineffiziente Pricing des S&P-Marktes mit dem Globex-Handel.

Es funktioniert folgendermaßen:

1. Jeden Tag gilt es, die Fair Value-Differenz der S&P-Futures zum S&P-Cash-Markt herauszufinden. Diese Information können Sie von Ihrem Broker, CNBC oder möglicherweise von Ihrem Computerprogramm erhalten.

2. Nehmen Sie um 16.03 Uhr (EST) den Closing Cash Value des S&P 500-Cash-Marktes und addieren Sie den Fair Value zum Cash-Wert. Der Grund, bis 16.03 Uhr zu warten, liegt darin, daß die Berechnung der Market-On-Close-Orders einige Minuten in Anspruch nimmt.

3. Addieren Sie weitere 0.50 Punkte zu der in Schritt 2 errechneten Zahl.

4. Plazieren Sie am in Schritt 3 erhaltenen Preis einen Sell-Stop auf die S&P-Futures.

5. Wenn ausgeführt, decken Sie Ihre Short-Position während des Globex-Handels am Fair Value (Ihr Fill minus 50 Punkte) ein. Ihnen bleiben über 16 Stunden, damit der Auftrag ausgeführt wird.

6. Stellen Sie sicher, daß Ihre Position nicht mit Konjunkturnachrichten um 8.30 Uhr (EST) am nächsten Morgen kollidiert. Schließen Sie die Position vor den Nachrichten! Bedenken Sie, daß es sich hier um eine Scalping-Methode handelt und

daß eine einzelne Wirtschaftsmeldung viele profitable Wochen zunichte machen kann.

Eine Anmerkung zu den oben genannten Regeln. Wenn der S&P-Futures-Markt gegen 16.03 Uhr (EST) um einen großen Wert über dem Fair Value plus 0.50 Punkte liegt, handelt es sich um einen starken Markt. Eventuell bekommen Sie eine höhere Ausführung, wenn Sie M.O.C. verkaufen.

Beispiel

Schritt 1: Am Freitag, 14. Oktober 1994, lag der Fair Value für den S&P 500-Futures-Markt um 1.42 Punkte über dem Cash-Markt.

Schritt 2: Um 16.03 (EST) schloß der Cash-Markt bei 469.10. Addieren Sie nun 1.42 zu 469.10, ergibt sich ein Fair Value von 470.52, was wir auf 470.50 abrunden.

Schritt 3: 0.50 Punkte addiert zu 470.50 ergibt 471.

Schritt 4: Eine Verkaufsorder wird in den verbleibenden Handelsminuten bei 471.00 abgegeben. Einige Minuten darauf wird der Auftrag bei 471.00 ausgeführt, und der Markt schließt bei 471.25. (Manchmal verkaufen wir zum Höchstpreis; in diesem Fall bewegte sich der Markt jedoch weiter nach oben.)

Schritt 5: Am Sonntagabend plazieren wir eine Kauforder am Fair Value (470.50). Der Markt eröffnet bei 471.00, sinkt daraufhin weiter ab, was für uns eine Ausführung mit 50 Stellen Gewinn bei 470.50 bedeutet (der Markt erreichte kurzzeitig ein Low von 469.60).

Wir handeln bei dieser Methode nicht von der Long-Seite. Vielmehr würden wir am Abend im Markt short gehen. Wir glauben, daß Trader über Nacht mit dem Schlimmsten rechnen und deshalb erst am nächsten Morgen im Markt kaufen, wenn die Auswirkungen der Nachrichtenmeldungen abgeschätzt werden können. Aus diesem Grunde besitzt der Markt, wenn er über dem Fair Value gehandelt wird, die starke Tendenz, sich am Globex-Markt zu korrigieren. Während einer Periode, die wir als Bull-Markt bezeichnen würden (1993-1994), hat diese Methode sehr gut funktioniert. Nach unserer Einschätzung wird sie in einem Bear-Markt noch profitabler arbeiten.

Bond Market Evening Session Price Persistency Program

Diese Methode wird beim Handel des 30-year Treasury-Bond-Marktes während der Day- und Evening-Sessions eingesetzt. Sie funktioniert folgendermaßen:

1. Um diesen Trade in Erwägung zu ziehen, muß am folgenden Morgen ein wichtiger Wirtschaftsreport veröffentlicht werden. Dies sind zum Beispiel Arbeitslosenzahlen, C.P.I., P.P.I., Meldungen über Handelsbilanzdefizite oder jede andere Meldung, die den Bond-Markt nachhaltig beeinflussen könnte.

2. Werden die Bonds während der letzten fünf Handelsminuten innerhalb von drei Ticks zum Day-Session-Low gehandelt, verkaufen Sie diese M.O.C.

3. Decken Sie Ihre Short-Position am Abend mindestens fünf Ticks tiefer oder M.O.C. ein. Wir behalten unsere Short-Position nicht gerne über Nacht. Stops sollten fünf Ticks über dem Day-Session-Fill liegen.

Schließen die Bonds nahe ihres Lows am Tag nach den Wirtschaftsmeldungen, reagieren die Trader auf diese Meldung besorgt. Diese Beunruhigung wirkt sich auch auf die Evening-Sessions aus und verursacht dadurch eine weitere Abschwächung. Eine solche Methode wird es Ihnen erlauben, einige Trades pro Monat durchzuführen und die hohen Profit-Möglichkeiten machen sie zu einem lohnenswerten Unterfangen.

Die night markets sind nicht für Investoren gedacht. Vielmehr sind sie für Short-Term-Trader, die die Märkte mit ein paar hundert Dollar pro Kontrakt scalpen wollen. Mit der Zeit werden die von uns genannten Ineffizienzen durch eine wachsende Popularität immer seltener auftreten. Jedoch glauben wir, daß die hier vorgestellten S&P 500- und Bond-Markt-Trading-Methoden noch über viele Jahre hinweg gültig bleiben werden.

NDX-SPX Perfomance Summary

NDX–SPX S&P 500 Index—CME–Daily 01/02/91–11/30/94

Date	Time	Type	Cnts	Price	Signal Name	Entry P/L	Cumulative
01/04/91		Buy	1	324.80			
01/14/91		LExit	1	313.00		$-5900.00	$ ⁻5900.00
01/14/91		Sell	1	313.00			
01/15/91		SExit	1	314.10		$ -550.00	$ -6450.00
01/15/91		Buy	1	314.10			
01/18/91		LExit	1	330.25		$ 8075.00	$ 1625.00
01/18/91		Sell	1	330.25			
01/22/91		SExit	1	332.10		$ -925.00	$ 700.00
01/22/91		Buy	1	332.10			
01/25/91		LExit	1	336.50		$ 2200.00	$ 2900.00
01/25/91		Sell	1	336.50			
01/29/91		SExit	1	336.30		$ 100.00	$ 3000.00
01/29/91		Buy	1	336.30			
01/31/91		LExit	1	341.80		$ 2750.00	$ 5750.00
01/31/91		Sell	1	341.80			
02/01/91		SExit	1	343.00		$ -600.00	$ 5150.00
02/01/91		Buy	1	343.00			
02/05/91		LExit	1	348.75		$ 2875.00	$ 8025.00
02/05/91		Sell	1	348.75			
02/06/91		SExit	1	351.80		$-1525.00	$ 6500.00
02/06/91		Buy	1	351.80			
02/07/91		LExit	1	360.50		$ 4350.00	$ 10850.00
02/07/91		Sell	1	360.50			
02/13/91		SExit	1	366.50		$-3000.00	$ 7850.00
02/13/91		Buy	1	366.50			
02/14/91		LExit	1	370.00		$ 1750.00	$ 9600.00
02/14/91		Sell	1	370.00			
02/15/91		SExit	1	366.10		$ 1950.00	$ 11550.00
02/15/91		Buy	1	366.10			
02/19/91		LExit	1	369.00		$ 1450.00	$ 13000.00
02/19/91		Sell	1	369.00			
02/20/91		SExit	1	368.50		$ 250.00	$ 13250.00
02/20/91		Buy	1	368.50			

NDX–SPX S&P 500 Index—CME–Daily 01/02/91–11/30/94

Date	Time	Type	Cnts	Price	Signal Name	Entry P/L	Cumulative
02/22/91		LExit	1	364.60		$–1950.00	$ 11300.00
02/22/91		Sell	1	364.60			
02/25/91		SExit	1	371.00		$–3200.00	$ 8100.00
02/25/91		Buy	1	371.00			
02/26/91		LExit	1	366.00		$–2500.00	$ 5600.00
02/26/91		Sell	1	366.00			
02/27/91		SExit	1	364.50		$ 750.00	$ 6350.00
02/27/91		Buy	1	364.50			
02/28/91		LExit	1	370.30		$ 2900.00	$ 9250.00
02/28/91		Sell	1	370.30			
03/01/91		SExit	1	363.40		$ 3450.00	$ 12700.00
03/01/91		Buy	1	363.40			
03/04/91		LExit	1	372.25		$ 4425.00	$ 17125.00
03/04/91		Sell	1	372.25			
03/05/91		SExit	1	370.60		$ 825.00	$ 17950.00
03/05/91		Buy	1	370.60			
03/11/91		LExit	1	379.40		$ 4400.00	$ 22350.00
03/11/91		Sell	1	379.40			
03/14/91		SExit	1	379.40		$ 0.00	$ 22350.00
03/14/91		Buy	1	379.40			
03/15/91		LExit	1	376.80		$–1300.00	$ 21050.00
03/15/91		Sell	1	376.80			
03/19/91		SExit	1	372.00		$ 2400.00	$ 23450.00
03/19/91		Buy	1	372.00			
03/22/91		LExit	1	369.20		$–1400.00	$ 22050.00
03/22/91		Sell	1	369.20			
03/26/91		SExit	1	372.30		$–1550.00	$ 20500.00
03/26/91		Buy	1	372.30			
04/01/91		LExit	1	376.40		$ 2050.00	$ 22550.00
04/01/91		Sell	1	376.40			
04/02/91		SExit	1	374.25		$ 1075.00	$ 23625.00
04/02/91		Buy	1	374.25			
04/09/91		LExit	1	380.40		$ 3075.00	$ 26700.00
04/09/91		Sell	1	380.40			

NDX–SPX S&P 500 Index—CME–Daily 01/02/91–11/30/94

Date	Time	Type	Cnts	Price	Signal Name	Entry P/L	Cumulative
04/10/91		SExit	I	375.80		$ 2300.00	$ 29000.00
04/10/91		Buy	I	375.80			
04/11/91		LExit	I	377.00		$ 600.00	$ 29600.00
04/11/91		Sell	I	377.00			
04/12/91		SExit	I	382.00		$–2500.00	$ 27100.00
04/12/91		Buy	I	382.00			
04/15/91		LExit	I	383.00		$ 500.00	$ 27600.00
04/15/91		Sell	I	383.00			
04/22/91		SExit	I	385.75		$–1375.00	$ 26225.00
04/22/91		Buy	I	385.75			
04/29/91		LExit	I	380.90		$–2425.00	$ 23800.00
04/29/91		Sell	I	380.90			
04/30/91		SExit	I	375.25		$ 2825.00	$ 26625.00
04/30/91		Buy	I	375.25			
05/01/91		LExit	I	376.25		$ 500.00	$ 27125.00
05/01/91		Sell	I	376.25			
05/03/91		SExit	I	381.40		$–2575.00	$ 24550.00
05/03/91		Buy	I	381.40			
05/09/91		LExit	I	380.20		$ –600.00	$ 23950.00
05/09/91		Sell	I	380.20			
05/13/91		SExit	I	377.80		$ 1200.00	$ 25150.00
05/13/91		Buy	I	377.80			
05/14/91		LExit	I	376.25		$ –775.00	$ 24375.00
05/14/91		Sell	I	376.25			
05/15/91		SExit	I	372.90		$ 1675.00	$ 26050.00
05/15/91		Buy	I	372.90			
05/16/91		LExit	I	371.20		$ –850.00	$ 25200.00
05/16/91		Sell	I	371.20			
05/23/91		SExit	I	377.50		$–3150.00	$ 22050.00
05/23/91		Buy	I	377.50			
05/28/91		LExit	I	379.15		$ 825.00	$ 22875.00
05/28/91		Sell	I	379.15			
05/30/91		SExit	I	383.90		$–2375.00	$ 20500.00
05/30/91		Buy	I	383.90			

NDX–SPX S&P 500 Index—CME–Daily 01/02/91–11/30/94

Date	Time	Type	Cnts	Price	Signal Name	Entry P/L	Cumulative
05/31/91		LExit	I	388.00		$ 2050.00	$ 22550.00
05/31/91		Sell	I	388.00			
06/04/91		SExit	I	387.75		$ 125.00	$ 22675.00
06/04/91		Buy	I	387.75			
06/06/91		LExit	I	386.30		$ −725.00	$ 21950.00
06/06/91		Sell	I	386.30			
06/10/91		SExit	I	380.50		$ 2900.00	$ 24850.00
06/10/91		Buy	I	380.50			
06/11/91		LExit	I	379.00		$ −750.00	$ 24100.00
06/11/91		Sell	I	379.00			
06/13/91		SExit	I	377.50		$ 750.00	$ 24850.00
06/13/91		Buy	I	377.50			
06/14/91		LExit	I	379.00		$ 750.00	$ 25600.00
06/14/91		Sell	I	379.00			
06/18/91		SExit	I	383.50		$−2250.00	$ 23350.00
06/18/91		Buy	I	383.50			
06/19/91		LExit	I	379.70		$−1900.00	$ 21450.00
06/19/91		Sell	I	379.70			
06/26/91		SExit	I	374.00		$ 2850.00	$ 24300.00
06/26/91		Buy	I	374.00			
07/02/91		LExit	I	380.10		$ 3050.00	$ 27350.00
07/02/91		Sell	I	380.10			
07/05/91		SExit	I	374.00		$ 3050.00	$ 30400.00
07/05/91		Buy	I	374.00			
07/08/91		LExit	I	374.30		$ 150.00	$ 30550.00
07/08/91		Sell	I	374.30			
07/09/91		SExit	I	380.20		$−2950.00	$ 27600.00
07/09/91		Buy	I	380.20			
07/12/91		LExit	I	381.50		$ 650.00	$ 28250.00
07/12/91		Sell	I	381.50			
07/15/91		SExit	I	383.00		$ −750.00	$ 27500.00
07/15/91		Buy	I	383.00			
07/16/91		LExit	I	384.50		$ 750.00	$ 28250.00
07/16/91		Sell	I	384.50			

NDX–SPX S&P 500 Index—CME–Daily 01/02/91–11/30/94

Date	Time	Type	Cnts	Price	Signal Name	Entry P/L	Cumulative
07/22/91		SExit	1	385.90		$ −700.00	$ 27550.00
07/22/91		Buy	1	385.90			
07/23/91		LExit	1	386.00		$ 50.00	$ 27600.00
07/23/91		Sell	1	386.00			
07/26/91		SExit	1	382.00		$ 2000.00	$ 29600.00
07/26/91		Buy	1	382.00			
07/30/91		LExit	1	385.10		$ 1550.00	$ 31150.00
07/30/91		Sell	1	385.10			
07/31/91		SExit	1	388.25		$−1575.00	$ 29575.00
07/31/91		Buy	1	388.25			
08/06/91		LExit	1	385.90		$−1175.00	$ 28400.00
08/06/91		Sell	1	385.90			
08/08/91		SExit	1	391.00		$−2550.00	$ 25850.00
08/08/91		Buy	1	391.00			
08/16/91		LExit	1	390.70		$ −150.00	$ 25700.00
08/16/91		Sell	1	390.70			
08/19/91		SExit	1	381.85		$ 4425.00	$ 30125.00
08/19/91		Buy	1	381.85			
08/21/91		LExit	1	385.50		$ 1825.00	$ 31950.00
08/21/91		Sell	1	385.50			
08/22/91		SExit	1	393.20		$−3850.00	$ 28100.00
08/22/91		Buy	1	393.20			
08/23/91		LExit	1	390.80		$−1200.00	$ 26900.00
08/23/91		Sell	1	390.80			
08/27/91		SExit	1	394.40		$−1800.00	$ 25100.00
08/27/91		Buy	1	394.40			
08/29/91		LExit	1	397.25		$ 1425.00	$ 26525.00
08/29/91		Sell	1	397.25			
09/04/91		SExit	1	393.10		$ 2075.00	$ 28600.00
09/04/91		Buy	1	393.10			
09/05/91		LExit	1	391.50		$ −800.00	$ 27800.00
09/05/91		Sell	1	391.50			
09/10/91		SExit	1	389.00		$ 1250.00	$ 29050.00
09/10/91		Buy	1	389.00			

NDX–SPX S&P 500 Index—CME–Daily 01/02/91–11/30/94

Date	Time	Type	Cnts	Price	Signal Name	Entry P/L	Cumulative
09/11/91		LExit	1	385.70		$–1650.00	$ 27400.00
09/11/91		Sell	1	385.70			
09/12/91		SExit	1	386.00		$ –150.00	$ 27250.00
09/12/91		Buy	1	386.00			
09/17/91		LExit	1	388.00		$ 1000.00	$ 28250.00
09/17/91		Sell	1	388.00			
09/19/91		SExit	1	389.00		$ –500.00	$ 27750.00
09/19/91		Buy	1	389.00			
09/27/91		LExit	1	389.70		$ 350.00	$ 28100.00
09/27/91		Sell	1	389.70			
10/07/91		SExit	1	382.50		$ 3600.00	$ 31700.00
10/07/91		Buy	1	382.50			
10/09/91		LExit	1	382.00		$ –250.00	$ 31450.00
10/09/91		Sell	1	382.00			
10/10/91		SExit	1	378.70		$ 1650.00	$ 33100.00
10/10/91		Buy	1	378.70			
10/11/91		LExit	1	382.30		$ 1800.00	$ 34900.00
10/11/91		Sell	1	382.30			
10/14/91		SExit	1	383.40		$ –550.00	$ 34350.00
10/14/91		Buy	1	383.40			
10/18/91		LExit	1	394.25		$ 5425.00	$ 39775.00
10/18/91		Sell	1	394.25			
10/21/91		SExit	1	393.50		$ 375.00	$ 40150.00
10/21/91		Buy	1	393.50			
10/24/91		LExit	1	389.10		$–2200.00	$ 37950.00
10/24/91		Sell	1	389.10			
10/30/91		SExit	1	393.10		$–2000.00	$ 35950.00
10/30/91		Buy	1	393.10			
11/01/91		LExit	1	393.00		$ –50.00	$ 35900.00
11/01/91		Sell	1	393.00			
11/06/91		SExit	1	389.10		$ 1950.00	$ 37850.00
11/06/91		Buy	1	389.10			
11/07/91		LExit	1	391.30		$ 1100.00	$ 38950.00
11/07/91		Sell	1	391.30			

NDX–SPX S&P 500 Index—CME–Daily 01/02/91–11/30/94

Date	Time	Type	Cnts	Price	Signal Name	Entry P/L	Cumulative
11/11/91		SExit	1	393.45		$–1075.00	$ 37875.00
11/11/91		Buy	1	393.45			
11/15/91		LExit	1	398.20		$ 2375.00	$ 40250.00
11/15/91		Sell	1	398.20			
11/19/91		SExit	1	382.90		$ 7650.00	$ 47900.00
11/19/91		Buy	1	382.90			
11/26/91		LExit	1	377.70		$–2600.00	$ 45300.00
11/26/91		Sell	1	377.70			
11/29/91		SExit	1	376.10		$ 800.00	$ 46100.00
11/29/91		Buy	1	376.10			
12/12/91		LExit	1	380.00		$ 1950.00	$ 48050.00
12/12/91		Sell	1	380.00			
12/16/91		SExit	1	386.20		$–3100.00	$ 44950.00
12/16/91		Buy	1	386.20			
12/18/91		LExit	1	384.65		$ –775.00	$ 44175.00
12/18/91		Sell	1	384.65			
12/26/91		SExit	1	401.10		$–8225.00	$ 35950.00
12/26/91		Buy	1	401.10			
01/06/92		LExit	1	419.50		$ 9200.00	$ 45150.00
01/06/92		Sell	1	419.50			
01/07/92		SExit	1	418.40		$ 550.00	$ 45700.00
01/07/92		Buy	1	418.40			
01/15/92		LExit	1	422.20		$ 1900.00	$ 47600.00
01/15/92		Sell	1	422.20			
01/16/92		SExit	1	421.00		$ 600.00	$ 48200.00
01/16/92		Buy	1	421.00			
01/17/92		LExit	1	419.50		$ –750.00	$ 47450.00
01/17/92		Sell	1	419.50			
01/23/92		SExit	1	419.60		$ –50.00	$ 47400.00
01/23/92		Buy	1	419.60			
01/27/92		LExit	1	417.10		$–1250.00	$ 46150.00
01/27/92		Sell	1	417.10			
01/29/92		SExit	1	414.60		$ 1250.00	$ 47400.00
01/29/92		Buy	1	414.60			

NDX–SPX S&P 500 Index—CME–Daily 01/02/91–11/30/94

Date	Time	Type	Cnts	Price	Signal Name	Entry P/L	Cumulative
02/03/92		LExit	1	408.25		$–3175.00	$ 44225.00
02/03/92		Sell	1	408.25			
02/04/92		SExit	1	410.10		$ –925.00	$ 43300.00
02/04/92		Buy	1	410.10.			
02/07/92		LExit	1	414.80		$ 2350.00	$ 45650.00
02/07/92		Sell	1	414.80			
02/10/92		SExit	1	412.70		$ 1050.00	$ 46700.00
02/10/92		Buy	1	412.70			
02/11/92		LExit	1	414.00		$ 650.00	$ 47350.00
02/11/92		Sell	1	414.00			
02/13/92		SExit	1	417.70		$–1850.00	$ 45500.00
02/13/92		Buy	1	417.70			
02/14/92		LExit	1	413.50		$–2100.00	$ 43400.00
02/14/92		Sell	1	413.50			
02/21/92		SExit	1	413.00		$ 250.00	$ 43650.00
02/21/92		Buy	1	413.00			
02/24/92		LExit	1	411.70		$ –650.00	$ 43000.00
02/24/92		Sell	1	411.70			
02/26/92		SExit	1	411.50		$ 100.00	$ 43100.00
02/26/92		Buy	1	411.50			
02/27/92		LExit	1	415.00		$ 1750.00	$ 44850.00
02/27/92		Sell	1	415.00			
02/28/92		SExit	1	415.80		$ –400.00	$ 44450.00
02/28/92		Buy	1	415.80			
03/02/92		LExit	1	412.30		$–1750.00	$ 42700.00
03/02/92		Sell	1	412.30			
03/03/92		SExit	1	412.75		$ –225.00	$ 42475.00
03/03/92		Buy	1	412.75			
03/04/92		LExit	1	412.70		$ –25.00	$ 42450.00
03/04/92		Sell	1	412.70			
03/11/92		SExit	1	406.50		$ 3100.00	$ 45550.00
03/11/92		Buy	1	406.50			
03/12/92		LExit	1	404.60		$ –950.00	$ 44600.00
03/12/92		Sell	1	404.60			

165

NDX–SPX S&P 500 Index—CME–Daily 01/02/91–11/30/94

Date	Time	Type	Cnts	Price	Signal Name	Entry P/L	Cumulative
03/17/92		SExit	1	408.40		$–1900.00	$ 42700.00
03/17/92		Buy	1	408.40			
03/20/92		LExit	1	410.80		$ 1200.00	$ 43900.00
03/20/92		Sell	1	410.80			
03/26/92		SExit	1	409.75		$ 525.00	$ 44425.00
03/26/92		Buy	1	409.75			
03/27/92		LExit	1	408.20		$ –775.00	$ 43650.00
03/27/92		Sell	1	408.20			
04/01/92		SExit	1	401.50		$ 3350.00	$ 47000.00
04/01/92		Buy	1	401.50			
04/03/92		LExit	1	400.20		$ –650.00	$ 46350.00
04/03/92		Sell	1	400.20			
04/07/92		SExit	1	406.00		$–2900.00	$ 43450.00
04/07/92		Buy	1	406.00			
04/08/92		LExit	1	396.25		$–4875.00	$ 38575.00
04/08/92		Sell	1	396.25			
04/09/92		SExit	1	395.85		$ 200.00	$ 38775.00
04/09/92		Buy	1	395.85			
04/13/92		LExit	1	404.75		$ 4450.00	$ 43225.00
04/13/92		Sell	1	404.75			
04/14/92		SExit	1	408.20		$–1725.00	$ 41500.00
04/14/92		Buy	1	408.20			
04/15/92		LExit	1	414.10		$ 2950.00	$ 44450.00
04/15/92		Sell	1	414.10			
04/16/92		SExit	1	417.30		$–1600.00	$ 42850.00
04/16/92		Buy	1	417.30			
04/20/92		LExit	1	413.50		$–1900.00	$ 40950.00
04/20/92		Seil	1	413.50			
04/23/92		SExit	1	410.10		$ 1700.00	$ 42650.00
04/23/92		Buy	1	410.10			
04/24/92		LExit	1	411.90		$ 900.00	$ 43550.00
04/24/92		Sell	1	411.90			
04/30/92		SExit	1	412.40		$ –250.00	$ 43300.00
04/30/92		Buy	1	412.40			

NDX–SPX S&P 500 Index—CME–Daily 01/02/91–11/30/94

Date	Time	Type	Cnts	Price	Signal Name	Entry P/L	Cumulative
05/05/92		LExit	1	416.30		$ 1950.00	$ 45250.00
05/05/92		Sell	1	416.30			
05/06/92		SExit	1	417.90		$ −800.00	$ 44450.00
05/06/92		Buy	1	417.90			
05/08/92		LExit	1	416.60		$ −650.00	$ 43800.00
05/08/92		Sell	1	416.60			
05/13/92		SExit	1	416.40		$ 100.00	$ 43900.00
05/13/92		Buy	1	416.40			
05/14/92		LExit	1	415.30		$ −550.00	$ 43350.00
05/14/92		Sell	1	415.30			
05/18/92		SExit	1	412.10		$ 1600.00	$ 44950.00
05/18/92		Buy	1	412.10			
05/19/92		LExit	1	413.70		$ 800.00	$ 45750.00
05/19/92		Sell	1	413.70			
05/21/92		SExit	1	414.30		$ −300.00	$ 45450.00
05/21/92		Buy	1	414.30			
05/26/92		LExit	1	412.70		$ −800.00	$ 44650.00
05/26/92		Sell	1	412.70			
05/27/92		SExit	1	411.45		$ 625.00	$ 45275.00
05/27/92		Buy	1	411.45			
05/29/92		LExit	1	417.30		$ 2925.00	$ 48200.00
05/29/92		Sell	1	417.30			
06/01/92		SExit	1	414.40		$ 1450.00	$ 49650.00
06/01/92		Buy	1	414.40			
06/04/92		LExit	1	414.65		$ 125.00	$ 49775.00
06/04/92		Sell	1	414.65			
06/11/92		SExit	1	407.80		$ 3425.00	$ 53200.00
06/11/92		Buy	1	407.80			
06/12/92		LExit	1	413.00		$ 2600.00	$ 55800.00
06/12/92		Sell	1	413.00			
06/15/92		SExit	1	409.00		$ 2000.00	$ 57800.00
06/15/92		Buy	1	409.00			
06/16/92		LExit	1	411.50		$ 1250.00	$ 59050.00
06/16/92		Sell	1	411.50			

NDX–SPX S&P 500 Index—CME–Daily 01/02/91–11/30/94

Date	Time	Type	Cnts	Price	Signal Name	Entry P/L	Cumulative
06/18/92		SExit	1	402.10		$ 4700.00	$ 63750.00
06/18/92		Buy	1	402.10			
06/19/92		LExit	1	403.20		$ 550.00	$ 64300.00
06/19/92		Sell	1	403.20			
06/22/92		SExit	1	402.00		$ 600.00	$ 64900.00
06/22/92		Buy	1	402.00			
06/23/92		LExit	1	404.25		$ 1125.00	$ 66025.00
06/23/92		Sell	1	404.25;			
06/24/92		SExit	1	404.30		$ −25.00	$ 66000.00
06/24/92		Buy	1	404.30			
06/25/92		LExit	1	406.20		$ 950.00	$ 66950.00
06/25/92		Sell	1	406.20			
06/30/92		SExit	1	409.20		$−1500.00	$ 65450.00
06/30/92		Buy	1	409.20			
07/06/92		LExit	1	412.30		$ 1550.00	$ 67000.00
07/06/92		Sell	1	412.30			
07/09/92		SExit	1	410.75		$ 775.00	$ 67775.00
07/09/92		Buy	1	410.75			
07/20/92		LExit	1	411.50		$ 375.00	$ 68150.00
07/20/92		Sell	1	411.50			
07/22/92		SExit	1	411.40		$ 50.00	$ 68200.00
07/22/92		Buy	1	411.40			
07/23/92		LExit	1	410.50		$ −450.00	$ 67750.00
07/23/92		Sell	1	410.50			
07/24/92		SExit	1	410.70		$ −100.00	$ 67650.00
07/24/92		Buy	1	410.70			
07/28/92		LExit	1	411.90		$ 600.00	$ 68250.00
07/28/92		Sell	1	411.90			
08/04/92		SExit	1	424.70		$−6400.00	$ 61850.00
08/04/92		Buy	1	424.70			
08/05/92		LExit	1	422.95		$ −875.00	$ 60975.00
08/05/92		Sell	1	422.95			
08/10/92		SExit	1	416.80		$ 3075.00	$ 64050.00
08/10/92		Buy	1	416.80			

NDX–SPX S&P 500 Index—CME–Daily 01/02/91–11/30/94

Date	Time	Type	Cnts	Price	Signal Name	Entry P/L	Cumulative
08/12/92		LExit	1	418.55		$ 875.00	$ 64925.00
08/12/92		Sell	1	418.55			
08/14/92		SExit	1	418.40		$ 75.00	$ 65000.00
08/14/92		Buy	1	418.40			
08/17/92		LExit	1	420.35		$ 975.00	$ 65975.00
08/17/92		Sell	1	420.35			
08/20/92		SExit	1	418.70		$ 825.00	$ 66800.00
08/20/92		Buy	1	418.70			
08/24/92		LExit	1	412.00		$–3350.00	$ 63450.00
08/24/92		Sell	1	412.00			
08/26/92		SExit	1	411.70		$ 150.00	$ 63600.00
08/26/92		Buy	1	411.70			
08/31/92		LExit	1	414.80		$ 1550.00	$ 65150.00
08/31/92		Sell	1	414.80			
09/01/92		SExit	1	413.75		$ 525.00	$ 65675.00
09/01/92		Buy	1	413.75			
09/08/92		LExit	1	416.25		$ 1250.00	$ 66925.00
09/08/92		Sell	1	416.25			
09/09/92		SExit	1	414.50		$ 875.00	$ 67800.00
09/09/92		Buy	1	414.50			
09/17/92		LExit	1	421.00		$ 3250.00	$ 71050.00
09/17/92		Sell	1	421.00			
09/18/92		SExit	1	420.60		$ 200.00	$ 71250.00
09/18/92		Buy	1	420.60			
09/21/92		LExit	1	423.00		$ 1200.00	$ 72450.00
09/21/92		Sell	1	423.00			
09/22/92		SExit	1	421.80		$ 600.00	$ 73050.00
09/22/92		Buy	1	421.80			
09/28/92		LExit	1	413.60		$–4100.00	$ 68950.00
09/28/92		Sell	1	413.60			
09/30/92		SExit	1	416.80		$–1600.00	$ 67350.00
09/30/92		Buy	1	416.80			
10/02/92		LExit	1	416.00		$ –400.00	$ 66950.00
10/02/92		Sell	1	416.00			

NDX–SPX S&P 500 Index—CME–Daily 01/02/91–11/30/94

Date	Time	Type	Cnts	Price	Signal Name	Entry P/L	Cumulative
10/05/92		SExit	1	408.20		$ 3900.00	$ 70850.00
10/05/92		Buy	1	408.20			
10/09/92		LExit	1	406.00		$−1100.00	$ 69750.00
10/09/92		Sell	1	406.00			
10/12/92		SExit	1	404.55		$ 725.00	$ 70475.00
10/12/92		Buy	1	404.55			
10/13/92		LExit	1	407.70		$ 1575.00	$ 72050.00
10/13/92		Sell	1	407.70			
10/14/92		SExit	1	408.30		$ −300.00	$ 71750.00
10/14/92		Buy	1	408.30			
10/15/92		LExit	1	407.10		$ −600.00	$ 71150.00
10/15/92		Sell	1	407.10			
10/16/92		SExit	1	410.85		$−1875.00	$ 69275.00
10/16/92		Buy	1	410.85			
10/27/92		LExit	1	418.80		$ 3975.00	$ 73250.00
10/27/92		Sell	1	418.80			
10/29/92		SExit	1	420.40		$ −800.00	$ 72450.00
10/29/92		Buy	1	420.40			
11/03/92		LExit	1	421.90		$ 750.00	$ 73200.00
11/03/92		Sell	1	421.90			
11/05/92		SExit	1	416.50		$ 2700.00	$ 75900.00
11/05/92		Buy	1	416.50			
11/12/92		LExit	1	422.40		$ 2950.00	$ 78850.00
11/12/92		Sell	1	422.40			
11/16/92		SExit	1	422.75		$ −175.00	$ 78675.00
11/16/92		Buy	1	422.75			
11/17/92		LExit	1	421.20		$ −775.00	$ 77900.00
11/17/92		Sell	1	421.20			
11/19/92		SExit	1	422.50		$ −650.00	$ 77250.00
11/19/92		Buy	1	422.50			
11/23/92		LExit	1	426.15		$ 1825.00	$ 79075.00
11/23/92		Sell	1	426.15			
11/25/92		SExit	1	428.00		$ −925.00	$ 78150.00
11/25/92		Buy	1	428.00			

NDX–SPX S&P 500 Index—CME–Daily 01/02/91–11/30/94

Date	Time	Type	Cnts	Price	Signal Name	Entry P/L	Cumulative
11/27/92		LExit	1	429.70		$ 850.00	$ 79000.00
11/27/92		Sell	1	429.70			
12/01/92		SExit	1	430.80		$ –550.00	$ 78450.00
12/01/92		Buy	1	430.80			
12/03/92		LExit	1	430.20		$ –300.00	$ 78150.00
12/03/92		Sell	1	430.20			
12/04/92		SExit	1	431.30		$ –550.00	$ 77600.00
12/04/92		Buy	1	431.30			
12/09/92		LExit	1	436.95		$ 2825.00	$ 80425.00
12/09/92		Sell	1	436.95			
12/17/92		SExit	1	432.60		$ 2175.00	$ 82600.00
12/17/92		Buy	1	432.60			
12/21/92		LExit	1	440.95		$ 4175.00	$ 86775.00
12/21/92		Sell	1	440.95			
12/22/92		SExit	1	442.30		$ –675.00	$ 86100.00
12/22/92		Buy	1	442.30			
12/23/92		LExit	1	441.35		$ –475.00	$ 85625.00
12/23/92		Sell	1	441.35			
12/24/92		SExit	1	440.60		$ 375.00	$ 86000.00
12/24/92		Buy	1	440.60			
12/31/92		LExit	1	439.20		$ –700.00	$ 85300.00
12/31/92		Sell	1	439.20			
01/04/93		SExit	1	438.25		$ 475.00	$ 85775.00
01/04/93		Buy	1	438.25			
01/05/93		LExit	1	435.60		$–1325.00	$ 84450.00
01/05/93		Sell	1	435.60			
01/06/93		SExit	1	434.60		$ 500.00	$ 84950.00
01/06/93		Buy	1	434.60			
01/13/93		LExit	1	431.40		$–1600.00	$ 83350.00
01/13/93		Sell	1	431.40			
01/14/93		SExit	1	434.20		$–1400.00	$ 81950.00
01/14/93		Buy	1	434.20			
01/18/93		LExit	1	436.60		$ 1200.00	$ 83150.00
01/18/93		Sell	1	436.60			

NDX–SPX S&P 500 Index—CME–Daily 01/02/91–11/30/94

Date	Time	Type	Cnts	Price	Signal Name	Entry P/L	Cumulative
01/21/93		SExit	1	433.30		$ 1650.00	$ 84800.00
01/21/93		Buy	1	433.30			
01/25/93		LExit	1	436.30		$ 1500.00	$ 86300.00
01/25/93		Sell	1	436.30			
02/02/93		SExit	1	441.70		$–2700.00	$ 83600.00
02/02/93		Buy	1	441.70			
02/04/93		LExit	1	449.10		$ 3700.00	$ 87300.00
02/04/93		Sell	1	449.10			
02/11/93		SExit	1	447.30		$ 900.00	$ 88200.00
02/11/93		Byy	1	447.30			
02/12/93		LExit	1	447.75		$ 225.00	$ 88425.00
02/12/93		Sell	1	447.75			
02/19/93		SExit	1	433.50		$ 7125.00	$ 95550.00
02/19/93		Buy	1	433.50			
02/22/93		LExit	1	435.40		$ 950.00	$ 96500.00
02/22/93		Sell	1	435.40			
02/24/93		SExit	1	436.00		$ –300.00	$ 96200.00
02/24/93		Buy	1	436.00			
03/01/93		LExit	1	444.30		$ 4150.00	$100350.00
03/01/93		Sell	1	444.30			
03/03/93		SExit	1	448.60		$–2150.00	$ 98200.00
03/03/93		Buy	1	448.60			
03/05/93		LExit	1	448.00		$ –300.00	$ 97900.00
03/05/93		Sell	1	448.00			
03/08/93		SExit	1	447.30		$ 350.00	$ 98250.00
03/08/93		Buy	1	447.30			
03/09/93		LExit	1	455.50		$ 4100.00	$102350.00
03/09/93		Sell	1	455.50			
03/10/93		SExit	1	455.00		$ 250.00	$102600.00
03/10/93		Buy	1	455.00			
03/11/93		LExit	1	456.05		$ 525.00	$103125.00
03/11/93		Sell	1	456.05			
03/12/93		SExit	1	452.00		$ 2025.00	$105150.00
03/12/93		Buy	1	452.00			

NDX–SPX S&P 500 Index—CME–Daily 01/02/91–11/30/94

Date	Time	Type	Cnts	Price	Signal Name	Entry P/L	Cumulative
03/17/93		LExit	I	450.60		$ –700.00	$104450.00
03/17/93		Sell	I	450.60			
03/25/93		SExit	I	448.90		$ 850.00	$105300.00
03/25/93		Buy	I	448.90			
03/30/93		LExit	I	451.70		$ 1400.00	$106700.00
03/30/93		Sell	I	451.70			
03/31/93		SExit	I	453.40		$ –850.00	$105850.00
03/31/93		Buy	I	453.40			
04/02/93		LExit	I	447.00		$–3200.00	$102650.00
04/02/93		Sell	I	447.00			
04/06/93		SExit	I	443.50		$ 1750.00	$104400.00
04/06/93		Buy	I	443.50			
04/07/93		LExit	I	442.50		$ –500.00	$103900.00
04/07/93		Sell	I	442.50			
04/08/93		SExit	I	445.00		$–1250.00	$102650.00
04/08/93		Buy	I	445.00			
04/12/93		LExit	I	446.00		$ 500.00	$103150.00
04/12/93		Sell	I	446.00			
04/13/93		SExit	I	448.00		$–1000.00	$102150.00
04/13/93		Buy	I	448.00			
04/14/93		LExit	I	449.65		$ 825.00	$102975.00
04/14/93		Sell	I	449.65			
04/15/93		SExit	I	448.70		$ 475.00	$103450.00
04/15/93		Buy	I	448.70			
04/16/93		LExit	I	449.00		$ 150.00	$103600.00
04/16/93		Sell	I	449.00			
04/21/93		SExit	I	445.50		$ 1750.00	$105350.00
04/21/93		Buy	I	445.50			
04/26/93		LExit	I	436.50		$–4500.00	$100850.00
04/26/93		Sell	I	436.50			
04/28/93		SExit	I	436.90		$ –200.00	$100650.00
04/28/93		Buy	I	436.90			
04/30/93		LExit	I	440.00		$ 1550.00	$102200.00
04/30/93		Sell	I	440.00			

NDX–SPX S&P 500 Index—CME–Daily 01/02/91–11/30/94

Date	Time	Type	Cnts	Price	Signal Name	Entry P/L	Cumulative
05/04/93		SExit	1	442.60		$–1300.00	$100900.00
05/04/93		Buy	1	442.60			
05/07/93		LExit	1	443.70		$ 550.00	$101450.00
05/07/93		Sell	1	443.70			
05/10/93		SExit	1	442.70		· $ 500.00	$101950.00
05/10/93		Buy	1	442.70			
05/12/93		LExit	1	443.00		$ 150.00	$102100.00
05/12/93		Sell	1	443.00			
05/14/93		SExit	1	438.90		$ 2050.00	$104150.00
05/14/93		Buy	1	438.90			
05/25/93		LExit	1	448.85		$ 4975.00	$109125.00
05/25/93		Sell	1	448.85			
05/27/93		SExit	1	454.20		$–2675.00	$106450.00
05/27/93		Buy	1	454.20			
05/28/93		LExit	1	451.60		$–1300.00	$105150.00
05/28/93		Sell	1	451.60			
06/02/93		SExit	1	453.20		$ –800.00	$104350.00
06/02/93		Buy	1	453.20			
06/07/93		LExit	1	451.50		$ –850.00	$103500.00
06/07/93		Sell	1	451.50			
06/14/93		SExit	1	448.50		$ 1500.00	$105000.00
06/14/93		Buy	1	448.50			
06/17/93		LExit	1	448.90		$ 200.00	$105200.00
06/17/93		Sell	1	448.90			
06/24/93		SExit	1	443.80		$ 2550.00	$107750.00
06/24/93		Buy	1	443.80			
06/25/93		LExit	1	448.30		$ 2250.00	$110000.00
06/25/93		Sell	1	448.30			
06/28/93		SExit	1	450.20		$ –950.00	$109050.00
06/28/93		Buy	1	450.20			
06/30/93		LExit	1	451.50		$ 650.00	$109700.00
06/30/93		Sell	1	451.50			
07/01/93		SExit	1	451.30		$ 100.00	$109800.00
07/01/93		Buy	1	451.30			

NDX–SPX S&P 500 Index—CME–Daily 01/02/91–11/30/94

Date	Time	Type	Cnts	Price	Signal Name	Entry P/L	Cumulative
07/02/93		LExit	1	448.50		$–1400.00	$108400.00
07/02/93		Sell	1	448.50			
07/06/93		SExit	1	447.05		$ 725.00	$109125.00
07/06/93		Buy	1	447.05			
07/08/93		LExit	1	443.90		$–1575.00	$107550.00
07/08/93		Sell	1	443.90			
07/12/93		SExit	1	449.10		$–2600.00	$104950.00
07/12/93		Buy	1	449.10			
07/13/93		LExit	1	449.60		$ 250.00	$105200.00
07/13/93		Sell	1	449.60			
07/14/93		SExit	1	449.10		$ 250.00	$105450.00
07/14/93		Buy	1	449.10			
07/15/93		LExit	1	449.40		$ 150.00	$105600.00
07/15/93		Sell	1	449.40			
07/21/93		SExit	1	446.90		$ 1250.00	$106850.00
07/21/93		Buy	1	446.90			
07/22/93		LExit	1	446.70		$ –100.00	$106750.00
07/22/93		Sell	1	446.70			
07/26/93		SExit	1	447.70		$ –500.00	$106250.00
07/26/93		Buy	1	447.70			
07/28/93		LExit	1	447.80		$ 50.00	$106300.00
07/28/93		Sell	1	447.80			
07/29/93		SExit	1	448.80		$ –500.00	$105800.00
07/29/93		Buy	1	448.80			
07/30/93		LExit	1	450.10		$ 650.00	$106450.00
07/30/93		Sell	1	450.10			
08/03/93		SExit	1	449.80		$ 150.00	$106600.00
08/03/93		Buy	1	449.80			
08/10/93		LExit	1	450.40		$ 300.00	$106900.00
08/10/93		Sell	1	450.40			
08/12/93		SExit	1	451.60		$ –600.00	$106300.00
08/12/93		Buy	1	451.60			
08/16/93		LExit	1	450.20		$ –700.00	$105600.00
08/16/93		Sell	1	450.20			

NDX–SPX S&P 500 Index—CME–Daily 01/02/91–11/30/94

Date	Time	Type	Cnts	Price	Signal Name	Entry P/L	Cumulative
08/17/93		SExit	1	451.75		$ −775.00	$104825.00
08/17/93		Buy	1	451.75			
08/19/93		LExit	1	456.30		$ 2275.00	$107100.00
08/19/93		Sell	1	456.30			
08/23/93		SExit	1	454.70		$ 800.00	$107900.00
08/23/93		Buy	1	454.70			
08/25/93		LExit	1	460.40		$ 2850.00	$110750.00
08/25/93		Sell	1	460.40			
08/30/93		SExit	1	460.90		$ −250.00	$110500.00
08/30/93		Buy	1	460.90			
09/07/93		LExit	1	461.10		$ 100.00	$110600.00
09/07/93		Sell	1	461.10			
09/09/93		SExit	1	455.00		$ 3050.00	$113650.00
09/09/93		Buy	1	455.00			
09/13/93		LExit	1	463.50		$ 4250.00	$117900.00
09/13/93		Sell	1	463.50			
09/16/93		SExit	1	460.60		$ 1450.00	$119350.00
09/16/93		Buy	1	460.60			
10/01/93		LExit	1	459.35		$ −625.00	$118725.00
10/01/93		Sell	1	459.35			
10/05/93		SExit	1	462.25		$−1450.00	$117275.00
10/05/93		Buy	1	462.25			
10/06/93		LExit	1	461.40		$ −425.00	$116850.00
10/06/93		Sell	1	461.40			
10/11/93		SExit	1	461.40		$ 0.00	$116850.00
10/11/93		Buy	1	461.40			
10/12/93		LExit	1	461.95		$ 275.00	$117125.00
10/12/93		Sell	1	461.95			
10/13/93		SExit	1	461.85		$ 50.00	$117175.00
10/13/93		Buy	1	461.85			
10/18/93		LExit	1	470.15		$ 4150.00	$121325.00
10/18/93		Sell	1	470.15			
10/21/93		SExit	1	467.20		$ 1475.00	$122800.00
10/21/93		Buy	1	467.20			

NDX–SPX S&P 500 Index—CME–Daily 01/02/91–11/30/94

Date	Time	Type	Cnts	Price	Signal Name	Entry P/L	Cumulative
10/26/93		LExit	1	464.50		$–1350.00	$121450.00
10/26/93		Sell	1	464.50			
10/28/93		SExit	1	465.80		$ –650.00	$120800.00
10/28/93		Buy	1	465.80			
10/29/93		LExit	1	467.95		$ 1075.00	$121875.00
10/29/93		Sell	1	467.95			
11/01/93		SExit	1	467.40		$ 275.00	$122150.00
11/01/93		Buy	1	467.40			
11/04/93		LExit	1	462.80		$–2300.00	$119850.00
11/04/93		Sell	1	462.80			
11/08/93		SExit	1	459.80		$ 1500.00	$121350.00
11/08/93		Buy	1	459.80			
11/15/93		LExit	1	466.10		$ 3150.00	$124500.00
11/15/93		Sell	1	466.10			
11/24/93		SExit	1	462.40		$ 1850.00	$126350.00
11/24/93		Buy	1	462.40			
11/30/93		LExit	1	461.40		$ –500.00	$125850.00
11/30/93		Sell	1	461.40			
12/01/93		SExit	1	463.80		$–1200.00	$124650.00
12/01/93		Buy	1	463.80			
12/07/93		LExit	1	466.60		$ 1400.00	$126050.00
12/07/93		Sell	1	466.60			
12/16/93		SExit	1	463.70		$ 1450.00	$127500.00
12/16/93		Buy	1	463.70			
12/17/93		LExit	1	465.45		$ 875.00	$128375.00
12/17/93		Sell	1	465.45			
12/21/93		SExit	1	467.00		$ –775.00	$127600.00
12/21/93		Buy	1	467.00			
12/22/93		LExit	1	467.20		$ 100.00	$127700.00
12/22/93		Sell	1	467.20			
12/27/93		SExit	1	468.90		$ –850.00	$126850.00
12/27/93		Buy	1	468.90			
12/28/93		LExit	1	471.10		$ 1100.00	$127950.00
12/28/93		Sell	1	471.10			

NDX–SPX S&P 500 Index—CME–Daily 01/02/91–11/30/94

Date	Time	Type	Cnts	Price	Signal Name	Entry P/L	Cumulative
12/29/93		SExit	1	472.10		$ −500.00	$127450.00
12/29/93		Buy	1	472.10			
01/04/94		LExit	1	465.80		$−3150.00	$124300.00
01/04/94		Sell	1	465.80			
01/05/94		SExit	1	467.00		$ −600.00	$123700.00
01/05/94		Buy	1	467.00			
01/10/94		LExit	1	470.80		$ 1900.00	$125600.00
01/10/94		Sell	1	470.80			
01/12/94		SExit	1	475.35		$−2275.00	$123325.00
01/12/94		Buy	1	475.35			
01/19/94		LExit	1	473.90		$ −725.00	$122600.00
01/19/94		Sell	1	473.90			
01/21/94		SExit	1	475.10		$ −600.00	$122000.00
01/21/94		Buy	1	475.10			
01/26/94		LExit	1	471.50		$−1800.00	$120200.00
01/26/94		Sell	1	471.50			
01/31/94		SExit	1	480.20		$−4350.00	$115850.00
01/31/94		Buy	1	480.20			
02/01/94		LExit	1	481.30		$ 550.00	$116400.00
02/01/94		Sell	1	481.30			
02/08/94		SExit	1	472.10		$ 4600.00	$121000.00
02/08/94		Buy	1	472.10			
02/14/94		LExit	1	470.00		$−1050.00	$119950.00
02/14/94		Sell	1	470.00			
02/15/94		SExit	1	471.50		$ −750.00	$119200.00
02/15/94		Buy	1	471.50			
02/23/94		LExit	1	472.40		$ 450.00	$119650.00
02/23/94		Sell	1	472.40			
02/25/94		SExit	1	465.20		$ 3600.00	$123250.00
02/25/94		Buy	1	465.20			
03/03/94		LExit	1	464.50		$ −350.00	$122900.00
03/03/94		Sell	1	464.50			
03/04/94		SExit	1	463.80		$ 350.00	$123250.00
03/04/94		Buy	1	463.80			

NDX–SPX S&P 500 Index—CME–Daily 01/02/91–11/30/94

Date	Time	Type	Cnts	Price	Signal Name	Entry P/L	Cumulative
03/09/94		LExit	1	465.60		$ 900.00	$124150.00
03/09/94		Sell	1	465.60			
03/15/94		SExit	1	467.60		$–1000.00	$123150.00
03/15/94		Buy	1	467.60			
03/21/94		LExit	1	469.60		$ 1000.00	$124150.00
03/21/94		Sell	1	469.60			
03/24/94		SExit	1	469.00		$ 300.00	$124450.00
03/24/94		Buy	1	469.00			
03/25/94		LExit	1	465.50		$–1750.00	$122700.00
03/25/94		Sell	1	465.50			
03/31/94		SExit	1	446.00		$ 9750.00	$132450.00
03/31/94		Buy	1	446.00			
04/05/94		LExit	1	443.00		$–1500.00	$130950.00
04/05/94		Sell	1	443.00			
04/06/94		SExit	1	449.25		$–3125.00	$127825.00
04/06/94		Buy	1	449.25			
04/07/94		LExit	1	448.00		$ –625.00	$127200.00
04/07/94		Sell	1	448.00			
04/18/94		SExit	1	445.75		$ 1125.00	$128325.00
04/18/94		Buy	1	445.75			
04/19/94		LExit	1	442.40		$–1675.00	$126650.00
04/19/94		Sell	1	442.40			
04/22/94		SExit	1	449.00		$–3300.00	$123350.00
04/22/94		Buy	1	449.00			
04/29/94		LExit	1	447.60		$ –700.00	$122650.00
04/29/94		Sell	1	447.60			
05/03/94		SExit	1	452.80		$–2600.00	$120050.00
05/03/94		Buy	1	452.80			
05/04/94		LExit	1	452.50		$ –150.00	$119900.00
05/04/94		Sell	1	452.50			
05/05/94		SExit	1	451.30		$ 600.00	$120500.00
05/05/94		Buy	1	451.30			
05/09/94		LExit	1	445.10		$–3100.00	$117400.00
05/09/94		Sell	1	445.10			

179

NDX–SPX S&P 500 Index—CME–Daily 01/02/91–11/30/94

Date	Time	Type	Cnts	Price	Signal Name	Entry P/L	Cumulative
05/19/94		SExit	I	453.40		$–4150.00	$113250.00
05/19/94		Buy	I	453.40			
05/26/94		LExit	I	455.30		$ 950.00	$114200.00
05/26/94		Sell	I	455.30			
05/31/94		SExit	I	455.20		$ 50.00	$114250.00
05/31/94		Buy	I	455.20			
06/02/94		LExit	I	457.80		$ 1300.00	$115550.00
06/02/94		Sell	I	457.80			
06/03/94		SExit	I	457.20		$ 300.00	$115850.00
06/03/94		Buy	I	457.20			
06/06/94		LExit	I	460.90		$ 1850.00	$117700.00
06/06/94		Sell	I	460.90			
06/07/94		SExit	I	458.60		$ 1150.00	$118850.00
06/07/94		Buy	I	458.60			
06/08/94		LExit	I	459.50		$ 450.00	$119300.00
06/08/94		Sell	I	459.50			
06/13/94		SExit	I	458.20		$ 650.00	$119950.00
06/13/94		Buy	I	458.20			
06/14/94		LExit	I	460.00		$ 900.00	$120850.00
06/14/94		Sell	I	460.00			
06/15/94		SExit	I	462.70		$–1350.00	$119500.00
06/15/94		Buy	I	462.70			
06/17/94		LExit	I	463.05		$ 175.00	$119675.00
06/17/94		Sell	I	463.05			
06/23/94		SExit	I	454.30		$ 4375.00	$124050.00
06/23/94		Buy	I	454.30			
06/24/94		LExit	I	450.50		$–1900.00	$122150.00
06/24/94		Sell	I	450.50			
06/27/94		SExit	I	442.30		$ 4100.00	$126250.00
06/27/94		Buy	I	442.30			
06/30/94		LExit	I	449.40		$ 3550.00	$129800.00
06/30/94		Sell	I	449.40			
07/01/94		SExit	I	446.80		$ 1300.00	$131100.00
07/01/94		Buy	I	446.80			

NDX–SPX S&P 500 Index—CME–Daily 01/02/91–11/30/94

Date	Time	Type	Cnts	Price	Signal Name	Entry P/L	Cumulative
07/05/94		LExit	1	446.50		$ −150.00	$130950.00
07/05/94		Sell	1	446.50			
07/08/94		SExit	1	449.80		$−1650.00	$129300.00
07/08/94		Buy	1	449.80.			
07/11/94		LExit	1	449.90		$ 50.00	$129350.00
07/11/94		Sell	1	449.90			
07/12/94		SExit	1	448.60		$ 650.00	$130000.00
07/12/94		Buy	1	448.60			
07/15/94		LExit	1	453.90		$ 2650.00	$132650.00
07/15/94		Sell	1	453.90			
07/22/94		SExit	1	453.80		$ 50.00	$132700.00
07/22/94		Buy	1	453.80			
07/26/94		LExit	1	453.90		$ 50.00	$132750.00
07/26/94		Sell	1	453.90			
08/01/94		SExit	1	458.60		$−2350.00	$130400.00
08/01/94		Buy	1	458.60			
08/03/94		LExit	1	460.80		$ 1100.00	$131500.00
08/03/94		Sell	1	460.80			
08/05/94		SExit	1	456.60		$ 2100.00	$133600.00
08/05/94		Buy	1	456.60			
08/15/94		LExit	1	462.20		$ 2800.00	$136400.00
08/15/94		Sell	1	462.20			
08/16/94		SExit	1	461.90		$ 150.00	$136550.00
08/16/94		Buy	1	461.90			
08/17/94		LExit	1	465.70		$ 1900.00	$138450.00
08/17/94		Sell	1	465.70			
08/18/94		SExit	1	463.80		$ 950.00	$139400.00
08/18/94		Buy	1	463.80			
08/22/94		LExit	1	462.80		$ −500.00	$138900.00
08/22/94		Sell	1	462.80			
08/23/94		SExit	1	463.55		$ −375.00	$138525.00
08/23/94		Buy	1	463.55			
08/25/94		LExit	1	469.10		$ 2775.00	$141300.00
08/25/94		Sell	1	469.10			

NDX–SPX S&P 500 Index—CME–Daily 01/02/91–11/30/94

Date	Time	Type	Cnts	Price	Signal Name	Entry P/L	Cumulative
08/26/94		SExit	I	470.00		$ −450.00	$140850.00
08/26/94		Buy	I	470.00			
08/30/94		LExit	I	474.85		$ 2425.00	$143275.00
08/30/94		Sell	I	474.85			
08/31/94		SExit	I	475.50		$ −325.00	$142950.00
08/31/94		Buy	I	475.50			
09/01/94		LExit	I	473.80		$ −850.00	$142100.00
09/01/94		Sell	I	473.80			
09/06/94		SExit	I	471.00		$ 1400.00	$143500.00
09/06/94		Buy	I	471.00			
09/12/94		LExit	I	470.30		$ −350.00	$143150.00
09/12/94		Sell	I	470.30			
09/14/94		SExit	I	468.80		$ 750.00	$143900.00
09/14/94		Buy	I	468.80			
09/15/94		LExit	I	470.70		$ 950.00	$144850.00
09/15/94		Sell	I	470.70			
09/16/94		SExit	I	472.25		$ −775.00	$144075.00
09/16/94		Buy	I	472.25			
09/20/94		LExit	I	470.00		$−1125.00	$142950.00
09/20/94		Sell	I	470.00			
09/21/94		SExit	I	464.80		$ 2600.00	$145550.00
09/21/94		Buy	I	464.80			
09/22/94		LExit	I	463.60		$ −600.00	$144950.00
09/22/94		Sell	I	463.60			
09/23/94		SExit	I	463.25		$ 175.00	$145125.00
09/23/94		Buy	I	463.25			
09/26/94		LExit	I	462.20		$ −525.00	$144600.00
09/26/94		Sell	I	462.20			
09/30/94		SExit	I	464.20		$−1000.00	$143600.00
09/30/94		Buy	I	464.20			
10/04/94		LExit	I	464.30		$ 50.00	$143650.00
10/04/94		Sell	I	464.30			
10/06/94		SExit	I	455.20		$ 4550.00	$148200.00
10/06/94		Buy	I	455.20			

NDX–SPX S&P 500 Index—CME–Daily 01/02/91–11/30/94

Date	Time	Type	Cnts	Price	Signal Name	Entry P/L	Cumulative
10/07/94		LExit	I	453.40		$ −900.00	$147300.00
10/07/94		Sell	I	453.40			
10/10/94		SExit	I	457.00		$−1800.00	$145500.00
10/10/94		Buy	I	457.00			
10/13/94		LExit	I	467.50		$ 5250.00	$150750.00
10/13/94		Sell	I	467.50			
10/19/94		SExit	I	468.45		$ −475.00	$150275.00
10/19/94		Buy	I	468.45			
10/24/94		LExit	I	465.85		$−1300.00	$148975.00
10/24/94		Sell	I	465.85			
10/25/94		SExit	I	462.05		$ 1900.00	$150875.00
10/25/94		Buy	I	462.05			
10/26/94		LExit	I	462.30		$ 125.00	$151000.00
10/26/94		Sell	I	462.30			
10/27/94		SExit	I	463.35		$ −525.00	$150475.00
10/27/934		Buy	I	463.35			
10/28/94		LExit	I	467.20		$ 1925.00	$152400.00
10/28/94		Sell	I	467.20			
11/01/94		SExit	I	472.65		$−2725.00	$149675.00
11/01/94		Buy	I	472.65			
11/04/94		LExit	I	468.80		$−1925.00	$147750.00
11/04/94		Sell	I	468.80			
11/09/94		SExit	I	469.95		$ −575.00	$147175.00
11/09/94		Buy	I	469.95			
11/11/94		LExit	I	465.25		$−2350.00	$144825.00
11/11/94		Sell	I	465.25			
11/14/94		SExit	I	462.85		$ 1200.00	$146025.00
11/14/94		Buy	I	462.85			
11/23/94		LExit	I	446.60		$−8125.00	$137900.00
11/23/94		Sell	I	446.60			
11/28/94		SExit	I	454.95		$−4175.00	$133725.00
11/28/94		Buy	I	454.95			

KAPITEL VII

- WARUM DIE MEISTEN TRADER VERLIEREN -

*"When a man knows he is to be hanged in a fortnight,
it concentrates his mind wonderfully."*

Dr. Johnson

Dies ist mit Abstand das wichtigste Kapitel des Buches. Ein
Trader bzw. Investor wird niemals bei diesem Spiel erfolgreich sein, sofern er nicht lernt, mit einem Verlust umzuge-
hen. Zu viele Trader werden bei jedem Trade Geld verdienen, nur damit sich ihre Profite in Luft auflösen, wenn ein Trade
gegen sie arbeitet. Solche Trader werden früher oder später
am Ende sein.

Wir sind vom Geldmanagement besessen und äußerst wachsam, wenn es um Verluste geht. Wir sehen Verluste so, wie
wir auch ein Leiden wie Krebs sehen. Ein kleines Krebsge-
schwür kann entfernt werden, und der Patient wird höchst-
wahrscheinlich weiterleben. Ein kleines Geschwür, was sich
in ein großes verwandelt, wird den Patienten womöglich um-
bringen. Ein kleiner Verlust, der frühzeitig beseitigt werden
kann, wird dem Trader aller Voraussicht nach erlauben, weiter-
zuhandeln. Ein kleiner Verlust, der sich in einen großen verwandelt, wird dem Trader das Genick brechen. Das mag sich
hart anhören. Leider ist es die Realität. Wie viele Verluste
kann jemand aushalten, bevor seine Trading-Tage gezählt
sind?

DIE VIER KRANKHEITEN ERLEDIGTER HÄNDLER

Hoffnung

Es gibt zwei Fälle, in denen sich Händler der Hoffnung bedienen – und beide Male machen sie etwas falsch.

Wenn ein Händler in eine Position einsteigt und *hofft*, daß sie sich nach seinem Willen bewegt, bedient er sich offensichtlich keines erfolgbringenden Trading-Planes. Ein erfolgreicher Trading-Plan ist ein solcher, bei dem die historischen Gewinnchancen in Ihrer Gunst stehen. Dafür braucht man keine Hoffnung. Der Vorteil ist bereits auf Ihrer Seite. Handelt jemand beispielsweise Undeniables auf Aktienmarktindizes, so sollte der Trade den Vergangenheitsdaten nach in mehr als 70 Prozent der Fälle profitbringend ausfallen. Hoffnung wird hierbei nicht gebraucht, lediglich eine einwandfreie Handelsausführung. Hoffnung wird nur benötigt, wenn jemand in einen Handel einsteigt, der auf einem Tip, einem inneren Gefühl oder einem nicht quantitativ bestimmten Oszillator-Wert beruht.

Die zweite Situation, in der Hoffnung ins Spiel kommt, entsteht, wenn ein Handel ausgeführt wird, der sich sofort in einen Verlust verwandelt. Anstatt eine vorher festgelegte Strategie anzuwenden (ein Stop), wird der Händler paralysiert (wir nennen so etwas das „Bambi-Syndrom") und *hofft*, daß der Verlust nicht größer wird. Diese Lähmung kann über ein paar Minuten bis zu einigen Wochen hin anhalten. Unglücklicherweise kann der Verlust aufgrund dieser Paralyse sehr groß werden, was den Trader dann empfindlich trifft.

In den seltenen Fällen, in denen Hoffnung funktioniert, wird allerdings der entstehende Schaden schlimmer sein. Der Händler hat negatives Verhalten angewendet (Hoffnung, fehlendes

187

Geldmanagement usw.), wird aber in positiver Weise in seinem Tun bekräftigt (Profit). Das wird es für den Händler in Zukunft nur schwerer machen, erfolgreich zu sein.

Das I-Want-To-Be-Like-Babe-Ruth-When-I-Grow-Up-Syndrom

Jeder Händler will einmal einen home run landen und bei seinen Freunden als Held gefeiert werden. Jedermann liebt es, die Geschichten über den Typen zu hören, der Sojabohnen für sechs Cents gekauft hat und einige Wochen später bei elf Cents liquidiert. In der Realität funktioniert es aber nicht unbedingt so, wie hier beschrieben. Für jeden home run, den ein Händler landet, werden 50 potentiell Erfolgreiche aus dem Spiel gedrängt. Anstatt seinen Gewinn mit Stops abzusichern, stapelt der Held die Positionen auf. Meistens rächt sich diese Strategie, und seine Profite verwandeln sich in hohe Verluste.

Die Mehrzahl der erfolgreichen Trader treffen viele singles, einige doubles und triples und vereinzelt einen home run. Die Tradingstrategien dieses Buches sind so strukturiert, daß Sie das gleiche tun können.

Das Playing-With-The-House's-Money-Syndrom

Nach einer Reihe von profitablen Trades bekommen viele Händler die Einstellung, daß sie „die Arbeit an den Nagel hängen" können, weil sie in der Lage sind, mit frei verfügbarem Geld spielen zu können. Das ist fahrlässiges Handeln und gleichzeitig die Strategie eines Verlierers. Legt jemand die-

188

sen Drang an den Tag, sollte er losgehen und sich einen Lotterieschein kaufen. Das Ergebnis wird das gleiche sein: ein Verlust. Hätte er das Gefühl, mit dem Ausbildungsgeld seiner Kinder zu spielen, wäre der Drang, bankrott gehen zu wollen, mit Sicherheit weniger ausgeprägt.

Das Friedrich-Nietzsche-Syndrom

Die Mehrzahl der Menschen wird in dem Gedanken erzogen, daß Schmerz ein Synonym für Männlichkeit und Stärke darstellt. Im Sport wird der Gedanke, „bis zum Äußersten" zu gehen, befürwortet. Als Sportler akzeptieren wir dieses Prinzip. Als Händler tun wir das nicht. Verluste erzeugen Schmerz. Je größer der Verlust, desto heftiger der Schmerz. Je mehr Schmerz jemand erfährt, desto mehr Geld verliert er. Friedrich Nietzsches Geisteshaltung „Was mich nicht umbringt, macht mich stark" mag auf einige Bereiche des Lebens zutreffen; geht es jedoch um Trading, ist sie keinesfalls anwendbar.

DAS HEILMITTEL FÜR TRADING-KRANK-HEITEN: STOPS

Stop-Orders müssen zum besten Freund des Händlers und des Investors werden. Stops müssen zum wichtigsten Bestandteil des Handelsprogrammes werden. In dem Moment, in dem eine Order ausgeführt wird, muß eine Stop-Marke gesetzt werden. Der ursprünglich eingesetzte Stop sollte an einer strategischen Trading-Position plaziert werden oder den Betrag darstellen, den ein Händler zu verlieren bereit ist. Die

Mehrzahl der erfolgreichen Futures-Händler riskiert 1-3 Prozent ihres gesamten Kapitals in einer Position. Erfolgreiche Aktienhändler sind gewöhnlich bereit, einen etwas höheren Betrag zu riskieren.

Nachdem sich eine Position in eine gewinnbringende Richtung bewegt, sollte der Stop angepaßt werden, um die Profite abzusichern. Kauft jemand eine Aktie bei 20, kann ein Stop bei 18 1/2 gesetzt werden. Steigt die Aktie bis auf 22 an, so kann der Stop bis über 20 „hinterhergezogen" werden, um einen kleinen Profit abzusichern. Erhöht sich der Aktienkurs, sollte auch die Stop-Marke höher liegen. Das erlaubt dem Händler, das Gewinnpotential seiner Position zu maximieren.

Werden wir manchmal aus einer Position „ausgestoppt", nur um den Markt dann drehen und seine ursprüngliche Bewegung fortsetzen zu sehen? Natürlich, aber das ist ein Teil des Spiels. Lieber werden wir aus Werten hinausgedrängt, als das Risiko einer vehement gegen uns arbeitenden Position einzugehen.

Falls Sie sich entschließen sollten, diese Anlagephilosophie mit in Ihr Handeln zu integrieren, werden Sie in guter Gesellschaft sein. Wir möchten dieses Kapitel mit einigen Zitaten der weltbesten Händler aus dem Buch „Market Wizards" beenden.

Risikokontrolle ist der wichtigste Bestandteil des Handelns. Arbeitet eine Position gegen mich, steige ich sofort aus.

Paul Tudor Jones

Ich bemühe mich sehr stark, nicht mehr als 1 Prozent meines Portfolios mit einem einzelnen Handel zu riskieren.

Bruce Kovner

Die erste Regel, die wir befolgen, lautet, bei jeglichem Han- del niemals mehr als 1 Prozent des gesamten Kapitals zu riskieren.

Larry Hite

Kenne Deinen „Kapitulationspunkt", und respektiere ihn. Ich habe eine Schmerzgrenze; und wenn ich die erreiche, muß ich aussteigen.

Marty Schwartz

Die drei Elemente guten Tradings sind:

1. Begrenze Verluste!
2. Begrenze Verluste!
3. Begrenze Verluste!

Wenn Du diesen drei Regeln folgst, könntest Du eine Chance haben.

Ed Seykota

191

KAPITEL VIII

- ÜBERLEBEN DES STÄRKSTEN -

"My goal is to be recognized as the best.
When they say middle linebacker from now on,
I want them to mean Butkus. "

Dick Butkus

Trading ist ein brutales Spiel. In den Futures-Märkten verlieren 97 Prozent aller Händler. Jene die gewinnen, gewinnen mächtig. Personen wie George Soros, Monroe Trout und Bruce Kovner verdienen Millionen – jahrein, jahraus. Diese Millionen fallen nicht vom Himmel. Sie werden aus den Taschen der 97 Prozent genommen, die verlieren.

Was haben 3 Prozent, was 97 Prozent nicht haben? Eine Handelsmethodik kombiniert mit geeignetem Geldmanagement und einer passenden Psychologie.

Wir glauben, daß jemand, der das Trading-Spiel überleben und davon profitieren will, eine „Überleben des Stärksten"-Geisteshaltung entwickeln muß. Unserer Meinung nach sind die vier wichtigsten Bestandteile dieser Einstellung: Disziplin, ein täglicher Ansatz, der von der Herde abweicht, ein unerschütterliches Glaubenssystem und Courage.

Disziplin

Wenn Sie denken, daß erfolgreiches Handeln einfach ist, sind Sie nicht bei Sinnen. Solange Sie sich diesem Spiel nicht absolut verpflichtet fühlen, werden Sie verlieren. Verpflichtung bedeutet nicht, die Märkte zu studieren, wenn Sie sich danach fühlen oder wenn Sie gerade die Zeit dazu finden. Es besagt, sie sieben Tage in der Woche zu studieren.

Erfolg im Handeln ist nichts anderes, als Erfolg in irgend-
welchen anderen Dingen zu haben. Dan Gable trainierte zweimal am Tag, sieben Tage die Woche, über sechs Jahre hinweg für sein Bestreben, eine olympische Goldmedaille im
Ringen zu gewinnen. Während der Football-Saison arbeitete
Vince Lombardi 18 Stunden am Tag und übernachtete meist
in seinem Büro. Der Hedge-Fonds-Manager Mark Strome,
dessen Fonds 1993 um 130 Prozent anstieg, arbeitete, wie
berichtet wurde, 14 Stunden am Tag, sieben Tage die Woche. Marty Schwartz sagte in „Market Wizards", 15 Stunden
am Tag gearbeitet zu haben. Stellen Sie sich vor, im Ringen
gegen Dan Gable oder im Coachen gegen Vince Lombardi
anzutreten, wenn Sie ein paar Stunden in der Woche arbeiten. Es wäre verrückt, obwohl es genau das ist, was die Mehrzahl von Personen tut, wenn sie die Trading-Arena betritt und
gegen Strome, Schwartz und dergleichen antreten will.

Bevor Sie sich diesem Spiel nicht mit Tatkraft, Hingabe, Verlangen und Ausdauer hinzugeben bereit sind, werden Sie zu den
97 Prozent derer gehören, die verlieren.

Ein täglicher Ansatz, der von der Herde ab-
weicht

Der durchschnittliche Händler/Investor besitzt keinen täglichen Angriffsplan. Statt dessen verkörpert er die Tontaube,
die darauf wartet, durch einen Angriff äußerer Kräfte erledigt
zu werden. Anstatt eine bewährte Handelsmethodik anzuwenden, die resistent gegenüber äußeren Störungen ist, wird
er von allem und jedem beeinflußt. Sein Trading-Ansatz beinhaltet das neueste Interview eines Analysten auf CNBC,
den Rat des soeben im Wall Street Journal zitierten Gurus,

den Tagesfavoriten seines Brokers oder die Empfehlung des abonnierten Börsenbriefes. Anstatt den richtigen Moment abzupassen, um eine erprobte Strategie zum Einsatz zu bringen, stürzt er sich ins Spektakel und setzt sein Geld sinnlos aufs Spiel.

Erfolgreiche Händler besitzen einen täglichen Plan, der über eine gewisse Zeitperiode hinweg beständig arbeitet. Ihre Handelsmethodiken funktionieren in Bull-Märkten, Bear-Märkten und Seitwärtsmärkten. Ihre Handelsmethodiken nutzen Perioden mit hoher Volatilität wie auch mit niedriger Volatilität. Verdienen sie mit ihren Methoden in bestimmten Märkten kein Geld, so meiden sie diese Märkte.

Erfolgreiche Trader werden nicht von Analysten im Fernsehen, Analysten in Zeitungen, Brokern mit Neuigkeiten oder Gurus, die Newsletters verkaufen, beherrscht. Erfolgreiche Trader haben den Krieg gewonnen, bevor sie jemals eine Schlacht geschlagen haben. Verlierer tun das nicht!

Ein unerschütterliches Glaubenssystem

Wie bereits angemerkt, haben die erfolgreichen Händler den Krieg gewonnen, bevor die erste Schlacht geschlagen wird. Das ist ein kritisches Konzept im Trading. Es erzeugt eine enorme Gemütsruhe, eine Tradingmethodik zu haben, die fortwährend Geld auf den Märkten einbringt. Leider erreichen nur sehr wenige Menschen jemals diese Gemütsruhe.

Um wirklichen Erfolg im Handeln zu haben, benötigen Sie unerschütterlichen Glauben in Ihren Trading-Plan. Sie müssen sich sicher sein, die besseren Chancen zu haben. Der einzige Weg, diesen Glauben zu erreichen, besteht darin, mit Ihrem System in den realen Märkten zu handeln und die Höhen und Tiefen, die jeden Plan begleiten, zu erfahren. Ihr Angriffsplan muß nicht mit unserem identisch sein. Es gibt genug andere funktionierende Strategien. Die Hauptsache ist, daß Sie mit Ihrem Ansatz gut zurechtkommen und akzeptieren, daß auch verlustreiche Zeiten auftreten werden.

Das Vertrauen in unseren Plan besteht, weil wir uns der folgenden drei Dinge bewußt sind:
1.) der Ergebnisse aus der Überprüfung unserer Strategien,
2.) der Ergebnisse, die wir im wirklichen Handel erzielt haben,
3.) des Wissens, unsere Strategien ständig verbessern zu können. Noch einmal, unsere Methodik ist nicht die einzig funktionierende Methodik, aber sie funktioniert für uns. Wir haben großes Vertrauen in unseren Plan. Wir sind absolut überzeugt, jeden Monat des Jahres mit unseren Strategien Geld verdienen zu können. Natürlich wird es Rückschläge geben, aber unser Glaube an den Plan ist stärker. Dieser erlaubt es uns, dem pausenlosen Bombardement von Anlageratschlägen standzuhalten, von denen sich viele niemals in der Realität bewährt haben.

Courage

Es bedarf einiger Courage, anders als die Menge zu sein. Im Grunde sind wir alle soziale Wesen, die Trost darin finden, ein Teil der Menge zu sein. Leider bedeutet erfolgreiches Handeln, sich gegen die Herde zu stellen.

News Reversals stellen eine unserer profitabelsten Strategien dar, wenngleich sie psychologisch gesehen für einige Trader am härtesten zu handeln sind. Nehmen Sie das in Kapitel II genannte Beispiel von dem Tag nach den Wahlen im November 1994. Während jeder schreit "kauft, kauft, kauft", müssen Sie geduldig im Hintergrund auf die Marktumkehr warten. Nicht nur, daß Sie nicht an der anfänglichen Begeisterung partizipieren. Sollte sich der Markt drehen, wie er das an jenem Tag tat, so profitieren Sie überdies auf Kosten anderer. Für viele Händler ist dies eine extrem schwierige Situation, was eine solche Strategie allerdings gleichzeitig so erfolgreich macht.

Lassen Sie uns auch einen Blick auf andere Kapitel werfen. Mit CHADTP werden Sie im Angesicht negativer Ereignisse kaufen, und Sie werden bei positiven Ereignissen verkaufen. Dasselbe gilt für Undeniables. Sie verkaufen, kurz nachdem ein Indexsektor kurzfristige Highs erreicht hat, und Sie kaufen, kurz nachdem in einem Indexsektor neue Lows auftreten. In allen drei Reversal-Strategien sind Sie der einsame Wolf; es wird eine große Menge äußerer Einflüsse geben, die Sie zur erfolgreichen Anwendung dieser Trades ignorieren müssen.

Die Strategie der Historischen Volatilität ist ein wenig anders gelagert; das Konzept allerdings ist identisch. Während die Märkte sich in Phasen von Unentschlossenheit und Selbstgefälligkeit befinden, werden Sie die einzige Person sein, die auf einen Marktausbruch wartet. Daß Sie die Selbstgefälligkeit ignorieren, gibt Ihnen den Vorteil, eine Position sehr viel früher als die anderen Marktteilnehmer einnehmen zu können. Sehr oft wird eine Kursexplosion scheinbar ohne Grund stattfinden. Die Analysten werden von fehlenden fundamentalen Daten dieser Bewegung oder von potentiell falschen Ausbrüchen sprechen, Sie aber werden es besser wissen.

Schließlich unterscheidet sich Ihre Geldmanagement-Strategie von denen der meisten anderen Trader. Während andere darauf warten, daß sich die Fundamentaldaten selbst ausspielen (ein netter Weg auszudrücken, daß die Position gegen sie arbeitet), verhalten Sie sich wachsam mit Ihren Stops im Repertoire. Warten andere auf 100prozentige Bewegungen, halten Sie als Realist nach 2-4prozentigen Bewegungen Ausschau. Während andere unbekümmert alles auf eine Karte setzen, warten Sie geduldig, bis die Chancen gut für Sie stehen.

Alles in allem erfordert diese Geisteshaltung eine erhebliche Menge an Selbstdisziplin. Diese Disziplin jedoch wird sich auszahlen, wenn sie angemessen umgesetzt wird. Bedenken Sie: Wenn all dies einfach wäre, würde es ein jeder tun.

Wir möchten dieses Kapitel beenden, indem wir die Aufschrift einer in unserem Büro hängenden Gedenktafel wiedergeben.

Wie man die Nummer 1 wird

Gewinnen ist kein Vorgang, der manchmal auftritt, es ist etwas, was ständig passiert. Du gewinnst nicht von Zeit zu Zeit, Du machst Dinge nicht von Zeit zu Zeit richtig, Du machst sie die ganze Zeit über richtig. Gewinnen ist eine Sucht; leider das Verlieren auch.

Es gibt keinen Raum für den zweiten Platz. In meinem Spiel gibt es nur einen Platz, und das ist der erste. Während meiner Zeit in Green Bay bin ich zweimal als Zweiter durchs Ziel gegangen, und ich will nie wieder als Zweiter durchs Ziel gehen. Es gibt ein zweitklassiges Bowlspiel, aber das ist ein Spiel für Verlierer, gespielt von Verlierern. Es ist und war schon immer eine amerikanische Hingabe, die Ersten in allem zu sein, was wir tun, und zu gewinnen und zu gewinnen und zu gewinnen.

Jedesmal, wenn ein Footballspieler seinem Handwerk nachgeht, muß er vom Boden aufwärts spielen – von seinen Fußsohlen bis zu seinem Kopf. Jeder Zentimeter von ihm muß spielen. Einige spielen mit dem Kopf. Das ist O.K. Du mußt clever sein, um in einem Geschäft die Nummer 1 zu sein. Aber wichtiger noch mußt Du mit Deinem Herzen spielen, mit jeder Faser Deines Körpers. Hast Du das Glück, einen Kerl mit ausgeprägtem Verstand und großem Herz zu finden, wird er niemals als Zweiter vom Feld gehen.

Es macht keinen Unterschied, ein Footballteam oder irgendeine andere Organisation zu führen – eine Armee, eine Partei oder ein Unternehmen. Das Ziel ist zu gewinnen – den anderen zu schlagen. Vielleicht klingt das hart oder brutal. Ich denke das nicht.

Es ist eine Realität des Lebens, daß Menschen sich konkurrierend verhalten und die wettbewerbstärksten Spiele die konkurrierendsten Männer anziehen. Deshalb sind sie da – um zu konkurrieren. Die Regeln und Ziele zu wissen, wenn sie ins Spiel gehen. Das Ziel ist es, ehrlich und anständig zu gewinnen, den Regeln nach – aber zu gewinnen.

Und in Wahrheit habe ich noch keinen aufrichtigen Menschen getroffen, der auf Dauer, tief in seinem Herzen, nicht die Schinderei, die Disziplin zu würdigen gewußt hätte. Da ist etwas Gutes im Menschen, was nach Disziplin und der harten Realität des Kampfes Mann gegen Mann verlangt.

Ich sage diese Dinge nicht, weil ich an die „brutale" Natur des Menschen glaube oder daran, daß Menschen verrohen müssen, um kampfbereit zu sein. Ich glaube an Gott, und ich glaube an menschliche Aufrichtigkeit. Aber ebenso glaube ich fest daran, daß die größte Stunde des Menschen – seine größte Erfüllung all dessen, was ihm teuer ist – der Moment ist, in dem er sich in guter Absicht die Seele aus dem Leib arbeitet und er erschöpft vom Schlachtfeld geht – siegreich.

Vince Lombardi

KAPITEL IX

- RESÜMEE -

*"Everyone has the will to win,
but few have the will to prepare to win. "*

Bobby Knight

Welchen Weg schlagen Sie von hier aus ein? Es gibt zwei Ansätze. Der erste besagt, daß Sie nach einer oder zwei für Sie
geeigneten Strategien dieses Buches handeln. Die meisten haben nicht die Zeit oder die Neigung, mehr als diese zu handeln.
Der zweite Ansatz besagt, daß Sie die Konzepte dieses Buches mit ganzem Bemühen anwenden und versuchen, die Märkte zu beherrschen.

Wie können Sie diese nun angehen? Als allererstes müssen
Sie die erforderliche Hingabe aufbringen, um dieses Spiel zu
gewinnen. Hingabe bedeutet, das Verhalten der Märkte jeden Tag
genauestens zu analysieren. Beginnen Sie ein Übungs-
programm. Setzen Sie Ihren Computer ein, um Vergangenheitsdaten zu untersuchen. Fahren Sie so lange damit fort, bis Sie
100prozentiges Vertrauen in Ihre Strategien haben. Stellen Sie
außerdem sicher, daß diese Strategien gute Geldmanagement-
Techniken beinhalten. Warum sollten Sie sich all diese Mühe
machen, nur um von einem einzigen Verlust ruiniert zu werden?

Berechnen Sie jeden Abend die CHADTP-, VIX-, NDX-SPX- und
Historischen Volatilitätswerte. Listen Sie mögliche News
Reversals und Undeniables auf. (Beachten Sie das Beispiel eines Handelssheets am Ende des Kapitels.) Machen Sie sich
dies zu einer Gewohnheit.

Versuchen Sie, sich mit Hilfe unserer Strategien zu verbessern.
Dieses Buch bietet Ihnen die Grundlage, ein *sehr guter* Händler
zu werden. Es existieren eine Reihe weiterer Strategien, die Ihnen helfen können, sich zu einem *hervorragenden* Händler zu

entwickeln. Verwenden Sie einige Zeit mit den Tradingauf-
stellungen des CHADTP und des NDX-SPX. Schauen Sie sich
jeden Trade einzeln an. Wie würden Sie in jeder dieser Situatio-
nen handeln? Könnten Sie die Positionen noch profitabler machen? Im Anhang finden Sie Informationen über weitere Studi-
en, die wir verfaßt haben, sowie Bücher und Kurse, mit deren
Hilfe Sie sich weiter fortbilden können.

Wir möchten dieses Buch mit einem Kommentar über unseren
Handelsansatz beenden. Viele Personen denken, daß das Handeln ohne Strategie in jedem Fall funktioniert. Wir respektieren
diese Meinung, obwohl wir anderer Auffassung sind. Die Märkte
umfassen Menschen mit Emotionen. Diese Emotionen sind an-
geboren und stellen einen Teil der Entscheidungsfindung dar,
die wiederum den Marktpreis bestimmt. Märkte werden immer
wieder überkauft oder überverkauft sein. Märkte werden sich immer in Perioden mit hoher Volatilität und solchen mit niedriger
Volatilität bewegen. Menschliche Emotionen werden sich weiterhin in diesen extremen Phasen als irrational herausstellen.
Wir sind der festen Überzeugung, daß jede bewährte Strategie,
die diese Emotionen auzunutzen weiß, die Probe der Zeit über-
stehen wird.

Ein mögliches tägliches Tradingsheet, basierend auf den im Buch vorgestellten Strategien.

9/26/94

Indicators	Signal	Action
CHADTP	-608.60	Buy at 464.30
VIX	14.49	No trade
SPX/NDX	-1.75	Sell on opening
Fair Value	3.23	

Undeniables	Trigger Signal	Action
CBOE Biotech Index (BGX)	108.42(L) -1 tick	Sell 110 calls
CBOE Israel Index (ISX)	196.99(L) -1 tick	Sell 195 calls
AMEX Computer Index (XCI)	149.76(L) -1 tick	Sell 150 calls
Phila Utility Index (UTY)	213.78(H) +1 tick	Sell 215 puts
S&P Health Care Index (HCX)	196.99(L) -1 tick	Sell 195 calls

Historical Volatility
(Possible Trades)

DMZ4
SFZ4
Ford (F)
Toys R Us (TOY)
William Co. (WMB)

Potential News Reversals

Date	Event
9/23	Wheat: Large sale to Egypt

204

- LITERATUREMPFEHLUNG -

Wir haben inzwischen mehr als 500 Bücher über Trading und Investing gelesen. Die folgenden befinden sich unter den besten der besten.

Boucher, Mark

Turning the Art of Trading into a Science
Finding Explosive Opportunities in Any Market Environment

Wir erwarben Marks Kursus „*Turning the Art of Trading into a Science*" im Jahre 1991 und fanden es eine der besten Investitionen, die wir jemals gemacht hatten. Kurz darauf baten wir Mark, ein Tradingprogramm für uns zu testen. Seine Arbeit wie auch seinen Kursus betrachteten wir als akribisch recherchiert. Mark ist nicht nur eine Ausnahmeerscheinung im Bereich des Research, mehr noch ist er ein erstklassiger Vermögensverwalter.
Erreichbar unter Investment Research Associates 415-967-2213.

Caplan, David

The Options Advantage: Gaining a Trading Edge over the Markets
The Option Secret
Opportunities in Options newsletter

Wir stufen seine Bücher und Newsletter als die besten dieses Geschäfts ein. Dave ist ein Pionier in der Anwendung der Optionsvolatilität und hat, basierend auf diesen Strategien, ein florierendes Handels- und Brokergeschäft aufgebaut. Seine Bücher und Newsletter sind ein Muß für alle Optionstrader.

Erhältlich bei Opportunities in Options, Inc. 310-456-9699. Wir haben arrangiert, daß jedem Anfragenden ein kostenloser Newsletter zugeschickt wird.

Connors, Laurence und Hayward, Blake

Trading News Reversals and Non-News Reversals
Successful Day Trading Strategies for the Futures Markets
Historical Volatility: An in-depth study

Diese Berichte und Studien wurden ursprünglich für eine private Investment Partnership herausgebracht. Kontaktieren Sie Robert Arciniaga unter Oceanview Financial Research, Inc., 6243 Tapia Drive, Malibu, CA 90265, 800-797-2584.

Crabel, Toby

Day Trading With Short-Term Price Patterns and Opening Range Breakout

Wir haben buchstäblich Hunderte von Stunden damit verbracht, die Konzepte dieses Buches zu erforschen. Es ist eines der wenigen Bücher, welches Price-Persistency für Short-Term-Händler quantifiziert. Die Untersuchungen sind tiefgehend, die Handelsmöglichkeiten schier endlos. Ebenfalls von Linda Bradford Raschke in „Market Wizards fame" empfohlen. Erhältlich bei Traders Press 800-927-8222.

Natenberg, Sheldon

Option Volatility and Pricing, 2. Auflage

Dieses Buch sollte wiederholt von jedem ernsthaften Options-
händler gelesen werden. Jedesmal, wenn wir dieses Buch auf-
schlagen, lernen wir etwas Neues hinzu. Kombinieren Sie dieses Buch mit Caplans Büchern, um die Optionsmärkte gänz-
lich zu beherrschen. Erhältlich über Probus Publishing 800-634-
3966.

Ross, Joe

Trading by the Minute
Trading by the Book

Wahrscheinlich zwei der besten Bücher für diejenigen, die danach trachten, professionelle Trader zu werden. Reichlich Informationen zusammen mit vielen lehrreichen Beispielen. Joes
Konzepte zählen zu den besten auf diesem Gebiet. Erhältlich
bei Trading Educators 809-373-7436.

Schwager, Jack

Market Wizards
The New Market Wizards

Anhand unserer zahlreichen Verweise auf diese Bücher können
Sie erkennen, was wir von ihnen halten. Ein Muß für jedermann.
In den meisten Buchhandlungen erhältlich.

Soros, George

Alchemy of Finance

Die Person, der von jedem Hedge-Fonds-Manager nachgeeifert wird. Die hier gebotenen Einblicke sind erstklassig. In den meisten Buchhandlungen erhältlich.

- ANHANG -

Berechnung der Historischen Volatilität

Historische Volatilität wird definiert als die Standardabweichung der in regelmäßigen Zeitabständen bestimmten logarithmischen Preisveränderungen. Da der Settlement-Preis als verläßlichster Wert gilt, beinhaltet die gebräuchliche Methode der Volatilitätsberechnung Settlement-to-Settlement-Preisdifferenzen. Wir definieren jede Preisveränderung (x_i) als:

$$x_i = \ln\left(\frac{P_i}{P_{i-1}}\right)$$

wobei P den Preis des Underlyings am Ende der i Zeitperiode angibt. P_i/P_{i-1} wird auch als *Price Relative* bezeichnet.

Week	Underlying Price	$\ln(P_i/P_{i-1})$	Mean	Deviation from Mean	Deviation Squared
0	101.35				
1	102.26	+.008939		.007771	.000060
2	99.07	−.031692		−.032859	.001080
3	100.39	+.013236		.012069	.000146
4	100.76	+.003679		.002512	.000006
5	103.59	+.027699	+.0011167	.026532	.000704
6	99.26	−.042698		−.043865	.001924
7	98.28	−.009922		−.011089	.000123
8	99.98	+.017150		.015982	.000255
9	103.78	+.037303		.036136	.001306
10	102.54	−.012020		−.013188	.000174
		+.011674			.005778

Zuerst berechnen wir die Standardabweichung der logarithmischen Preisveränderungen:

$$\text{Standardabweichung} = \sqrt{(.005778/9)}$$

$$= \sqrt{.000642}$$

$$= .025338$$

Anschließend berechnen wir die jährliche Volatilität durch Multiplikation der Standardabweichung mit der Quadratwurzel aus der Zeitperiode zwischen den Preisveränderungen. Da wir die wöchentlichen Preisänderungen in Betracht ziehen, lautet das Zeitintervall 365/7:

Jährliche Volatilität $\quad = .025338 \times \sqrt{(365/7)}$

$\qquad\qquad\qquad\quad = .025338 \times \sqrt{52.14}$

$\qquad\qquad\qquad\quad = .025338 \times 7.22$

$\qquad\qquad\qquad\quad = .1829 \ (18.29\%)$

Auszug aus:

Option Volatility and Pricing, Advanced Trading Strategies and Techniques, 2. Auflage

Von Sheldon Natenberg
Probus Publishing Company
1333 Burr Ridge
Burr Ridge, IL 60521

INDIZES MIT OPTIONEN

- 5-Year Yield Index (FVX)

- 10-Year Yield Index (TNX)

- 30-Year Yield Index (TYX)

- AMEX Biotech Index (BTK)

- AMEX Computer Technology Index (XCI)

- AMEX Hong Kong 30 Option Index (HKO)

- AMEX Japan Index (JPN)

- AMEX Major Market Leaps Index (XLT)

- AMEX Mexico Index (MXY)

- AMEX Natural Gas Index (XNG)

- AMEX North American Telecommunications Index (XTC)

- AMEX Oil Index (XOI)

- AMEX Pharmaceutical Index (DRG)

- CBOE Biotech Index (BGX)

- CBOE Computer Software Index (CWX)

- CBOE Environmental Index (EVX)

- CBOE Financial Times-Stock Exchange 100 Index (FTSX)

- CBOE Gaming Index (GAX)

- CBOE Israel Index (ISX)

- CBOE Russell 2000 Index (RUY)

- CBOE Telecommunications Index (TCX)

- Morgan Stanley Consumer Index (CMR)

- Morgan Stanley Cyclical Index (CYC)

- NASDAQ 100 Index (NDX)

- Philadelphia Gold & Silver Index (XAU)

- Philadelphia National OTC Index (XOC)
- Philadelphia Phone Sector Index (PNX)
- Philadelphia Semiconductor Index (SOX)
- Philadelphia Utility Index (UTY)
- Philadelphia/KBW Bank Index (BKX)
- S&P Banking Index (BIX)
- S&P Chemical Index (CEX)
- S&P Health Care Index (HCX)
- S&P Retail Index (RELX)
- S&P Transportation Index (TRX)
- Short Term Interest Rate Index (IRX)

NDX-SPX Dow Jones Industrial Average Trade Summary

NDX–SPX *DWI X S–Daily 01/02/91–11/30/94

Date	Time	Type	Cnts	Price	Signal Name	Entry P/L*	Cumulative*
01/04/91		Buy	1	2574.26			
01/14/91		LExit	1	2464.60		−109.66	−109.66
01/14/91		Sell	1	2464.60			
01/15/91		SExit	1	2485.64		−21.04	−130.70
01/15/91		Buy	1	2485.64			
01/18/91		LExit	1	2611.14		125.50	−5.20
01/18/91		Sell	1	2611.14			
01/22/91		SExit	1	2625.74		−14.60	−19.80
01/22/91		Buy	1	2625.74			
01/25/91		LExit	1	2645.05		19.31	−0.49
01/25/91		Sell	1	2645.05			
01/29/91		SExit	1	2648.51		−3.46	−3.95
01/29/91		Buy	1	2648.51			
01/31/91		LExit	1	2706.19		57.68	53.73
01/31/91		Sell	1	2706.19			
02/01/91		SExit	1	2735.15		−28.96	24.77
02/01/91		Buy	1	2735.15			
02/05/91		LExit	1	2769.55		34.40	59.17
02/05/91		Sell	1	2769.55			
02/06/91		SExit	1	2773.51		−3.96	55.21
02/06/91		Buy	1	2773.51			
02/07/91		LExit	1	2831.68		58.17	113.38
02/07/91		Sell	1	2831.68			
02/13/91		SExit	1	2867.57		−35.89	77.49
02/13/91		Buy	1	2867.57			
02/14/91		LExit	1	2914.85		47.28	124.77
02/14/91		Sell	1	2914.85			
02/15/91		SExit	1	2881.68		33.17	157.94
02/15/91		Buy	1	2881.68			
02/19/91		LExit	1	2924.75		43.07	201.01
02/19/91		Sell	1	2924.75			

* In Dow Jones Industrial points, not dollars.

216

NDX–SPX *DWI X S–Daily 01/02/91–11/30/94

Date	Time	Type	Cnts	Price	Signal Name	Entry P/L*	Cumulative*
02/20/91		SExit	1	2909.16		15.59	216.60
02/20/91		Buy	1	2909.16			
02/22/91		LExit	1	2888.12		−21.04	195.56
02/22/91		Sell	1	2888.12			
02/25/91		SExit	1	2924.01		−35.89	159.67
02/25/91		Buy	1	2924.01			
02/26/91		LExit	1	2866.83		−57.18	102.49
02/26/91		Sell	1	2866.83			
02/27/91		SExit	1	2868.07		−1.24	101.25
02/27/91		Buy	1	2868.07			
02/28/91		LExit	1	2910.64		42.57	143.82
02/28/91		Sell	1	2910.64			
03/01/91		SExit	1	2859.65		50.99	194.81
03/01/91		Buy	1	2859.65			
03/04/91		LExit	1	2924.50		64.85	259.66
03/04/91		Sell	1	2924.50			
03/05/91		SExit	1	2925.50		−1.00	258.66
03/05/91		Buy	1	2925.50			
03/11/91		LExit	1	2952.97		27.47	286.13
03/11/91		Sell	1	2952.97			
03/14/91		SExit	1	2965.35		−12.38	273.75
03/14/91		Buy	1	2965.35			
03/15/91		LExit	1	2956.44		−8.91	264.84
03/15/91		Sell	1	2956.44			
03/19/91		SExit	1	2881.44		75.00	339.84
03/19/91		Buy	1	2881.44			
03/22/91		LExit	1	2846.29		−35.15	304.69
03/22/91		Sell	1	2846.29			
03/26/91		SExit	1	2859.90		−13.61	291.08
03/26/91		Buy	1	2859.90			
04/01/91		LExit	1	2901.98		42.08	333.16
04/01/91		Sell	1	2901.98			
04/02/91		SExit	1	2893.32		8.66	341.82

* In Dow Jones Industrial points, not dollars.

NDX–SPX *DWI X S–Daily 01/02/91–11/30/94

Date	Time	Type	Cnts	Price	Signal Name	Entry P/L*	Cumulative*
04/02/91		Buy	I	2893.32			
04/09/91		LExit	I	2908.42		15.10	356.92
04/09/91		Sell	I	2908.42			
04/10/91		SExit	I	2878.47		29.95	386.87
04/10/91		Buy	I	2878.47			
04/11/91		LExit	I	2895.79		17.32	404.19
04/11/91		Sell	I	2895.79			
04/12/91		SExit	I	2927.97		–32.18	372.01
04/12/91		Buy	I	2927.97			
04/15/91		LExit	I	2926.24		–1.73	370.28
04/15/91		Sell	I	2926.24			
04/22/91		SExit	I	2948.27		–22.03	348.25
04/22/91		Buy	I	2948.27			
04/29/91		LExit	I	2914.85		–33.42	314.83
04/29/91		Sell	I	2914.85			
04/30/91		SExit	I	2887.13		27.72	342.55
04/30/91		Buy	I	2887.13			
05/01/91		LExit	I	2901.49		14.36	356.91
05/01/91		Sell	I	2901.49			
05/03/91		SExit	I	2932.43		–30.94	325.97
05/03/91		Buy	I	2932.43			
05/09/91		LExit	I	2939.40		6.97	332.94
05/09/91		Sell	I	2939.40			
05/13/91		SExit	I	2930.01		9.39	342.33
05/13/91		Buy	I	2930.01			
05/14/91		LExit	I	2913.24		–16.77	325.56
05/14/91		Sell	I	2913.24			
05/15/91		SExit	I	2885.96		27.28	352.84
05/15/91		Buy	I	2885.96			
05/16/91		LExit	I	2882.16		–3.80	349.04
05/16/91		Sell	I	2882.16			
05/23/91		SExit	I	2912.34		–30.18	318.86
05/23/91		Buy	I	2912.34			

* In Dow Jones Industrial points, not dollars.

ANHANG

NDX–SPX *DWI X S–Daily 01/02/91–11/30/94

Date	Time	Type	Cnts	Price	Signal Name	Entry P/L*	Cumulative*
05/28/91		LExit	1	2924.42		12.08	330.94
05/28/91		Sell	1	2924.42			
05/30/91		SExit	1	2965.56		−41.14	289.80
05/30/91		Buy	1	2965.56			
05/31/91		LExit	1	3005.81		40.25	330.05
05/31/91		Sell	1	3005.81			
06/04/91		SExit	1	3006.93		−1.12	328.93
06/04/91		Buy	1	3006.93			
06/06/91		LExit	1	3002.68		−4.25	324.68
06/06/91		Sell	1	3002.68			
06/10/91		SExit	1	2975.63		27.05	351.73
06/10/91		Buy	1	2975.63			
06/11/91		LExit	1	2980.32		4.69	356.42
06/11/91		Sell	1	2980.32			
06/13/91		SExit	1	2962.21		18.11	374.53
06/13/91		Buy	1	2962.21			
06/14/91		LExit	1	2978.31		16.10	390.63
06/14/91		Sell	1	2978.31			
06/18/91		SExit	1	2993.07		−14.76	375.87
06/18/91		Buy	1	2993.07			
06/19/91		LExit	1	2965.34		−27.73	348.14
06/19/91		Sell	1	2965.34			
06/26/91		SExit	1	2908.54		56.80	404.94
06/26/91		Buy	1	2908.54			
07/02/91		LExit	1	2954.38		45.84	450.78
07/02/91		Sell	1	2954.38			
07/05/91		SExit	1	2923.30		31.08	481.86
07/05/91		Buy	1	2923.30			
07/08/91		LExit	1	2909.21		−14.09	467.77
07/08/91		Sell	1	2909.21			
07/09/91		SExit	1	2964.45		−55.24	412.53
07/09/91		Buy	1	2964.45			
07/12/91		LExit	1	2975.40		10.95	423.48

* In Dow Jones Industrial points, not dollars.

219

NDX–SPX *DWI X S–Daily 01/02/91–11/30/94

Date	Time	Type	Cnts	Price	Signal Name	Entry P/L*	Cumulative*
07/12/91		Sell	1	2975.40			
07/15/91		SExit	1	2980.99		−5.59	417.89
07/15/91		Buy	1	2980.99			
07/16/91		LExit	1	2994.63		13.64	431.53
07/16/91		Sell	1	2994.63			
07/22/91		SExit	1 ·	3014.31		−19.68	411.85
07/22/91		Buy	1	3014.31			
07/23/91		LExit	1	3021.24		6.93	418.78
07/23/91		Sell	1	3021.24			
07/26/91		SExit	1	2976.52		44.72	463.50
07/26/91		Buy	1	2976.52			
07/30/91		LExit	1	2998.88		22.36	485.86
07/30/91		Sell	1	2998.88			
07/31/91		SExit	1	3017.22		−18.34	467.52
07/31/91		Buy	1	3017.22			
08/06/91		LExit	1	2987.48		−29.74	437.78
08/06/91		Sell	1	2987.48			
08/08/91		SExit	1	3024.15		−36.67	401.11
08/08/91		Buy	1	3024.15			
08/16/91		LExit	1	3000.45		−23.70	377.41
08/16/91		Sell	1	3000.45			
08/19/91		SExit	1	2851.97		148.48	525.89
08/19/91		Buy	1	2851.97			
08/21/91		LExit	1	2962.21		110.24	636.13
08/21/91		Sell	1	2962.21			
08/22/91		SExit	1	3017.67		−55.46	580.67
08/22/91		Buy	1	3017.67			
08/23/91		LExit	1	3004.70		−12.97	567.70
08/23/91		Sell	1	3004.70			
08/27/91		SExit	1	3038.91		−34.21	533.49
08/27/91		Buy	1	3038.91			
08/29/91		LExit	1	3057.69		18.78	552.27
08/29/91		Sell	1	3057.69			

* In Dow Jones Industrial points, not dollars.

NDX–SPX *DWI X S–Daily 01/02/91–11/30/94

Date	Time	Type	Cnts	Price	Signal Name	Entry P/L*	Cumulative*
09/04/91		SExit	1	3022.58		35.11	587.38
09/04/91		Buy	1	3022.58			
09/05/91		LExit	1	3013.19		−9.39	577.99
09/05/91		Sell	1	3013.19			
09/10/91		SExit	1	3008.50		4.69	582.68
09/10/91		Buy	1	3008.50			
09/11/91		LExit	1	2989.04		−19.46	563.22
09/11/91		Sell	1	2989.04			
09/12/91		SExit	1	3001.12		−12.08	551.14
09/12/91		Buy	1	3001.12			
09/17/91		LExit	1	3004.03		2.91	554.05
09/17/91		Sell	1	3004.03			
09/19/91		SExit	1	3018.11		−14.08	539.97
09/19/91		Buy	1	3018.11			
09/27/91		LExit	1	3017.22		−0.89	539.08
09/27/91		Sell	1	3017.22			
10/07/91		SExit	1	2959.53		57.69	596.77
10/07/91		Buy	1	2959.53			
10/09/91		LExit	1	2960.42		0.89	597.66
10/09/91		Sell	1	2960.42			
10/10/91		SExit	1	2952.37		8.05	605.71
10/10/91		Buy	1	2952.37			
10/11/91		LExit	1	2983.68		31.31	637.02
10/11/91		Sell	1	2983.68			
10/14/91		SExit	1	2983.68		0.00	637.02
10/14/91		Buy	1	2983.68			
10/18/91		LExit	1	3057.47		73.79	710.81
10/18/91		Sell	1	3057.47			
10/21/91		SExit	1	3077.37		−19.90	690.91
10/21/91		Buy	1	3077.37			
10/24/91		LExit	1	3032.42		−44.95	645.96
10/24/91		Sell	1	3032.42			
10/30/91		SExit	1	3060.38		−27.96	618.00

* In Dow Jones Industrial points, not dollars.

NDX–SPX *DWI X S–Daily 01/02/91–11/30/94

Date	Time	Type	Cnts	Price	Signal Name	Entry P/L*	Cumulative*
10/30/91		Buy	1	3060.38			
11/01/91		LExit	1	3075.36		14.98	632.98
11/01/91		Sell	1	3075.36			
11/06/91		SExit	1	3034.21		41.15	674.13
11/06/91		Buy	1	3034.21			
11/07/91		LExit	1	3039.13		4.92	679.05
11/07/91		Sell	1	3039.13			
11/11/91		SExit	1	3042.04		−2.91	676.14
11/11/91		Buy	1	3042.04			
11/15/91		LExit	1	3058.59		16.55	692.69
11/15/91		Sell	1	3058.59			
11/19/91		SExit	1	2950.36		108.23	800.92
11/19/91		Buy	1	2950.36			
11/26/91		LExit	1	2915.25		−35.11	765.81
11/26/91		Sell	1	2915.25			
11/29/91		SExit	1	2895.13		20.12	785.93
11/29/91		Buy	1	2895.13			
12/12/91		LExit	1	2881.93		−13.20	772.73
12/12/91		Sell	1	2881.93			
12/16/91		SExit	1	2916.59		−34.66	738.07
12/16/91		Buy	1	2916.59			
12/18/91		LExit	1	2894.45		−22.14	715.93
12/18/91		Sell	1	2894.45			
12/26/91		SExit	1	3051.88		−157.43	558.50
12/26/91		Buy	1	3051.88			
01/06/92		LExit	1	3194.10		142.22	700.72
01/06/92		Sell	1	3194.10			
01/07/92		SExit	1	3184.48		9.62	710.34
01/07/92		Buy	1	3184.48			
01/15/92		LExit	1	3257.16		72.68	783.02
01/15/92		Sell	1	3257.16			
01/16/92		SExit	1	3248.66		8.50	791.52
01/16/92		Buy	1	3248.66			

* In Dow Jones Industrial points, not dollars.

NDX–SPX *DWI X S–Daily 01/02/91–11/30/94

Date	Time	Type	Cnts	Price	Signal Name	Entry P/L*	Cumulative*
01/17/92		LExit	1	3250.67		2.01	793.53
01/17/92		Sell	1	3250.67			
01/23/92		SExit	1	3249.33		1.34	794.87
01/23/92		Buy	1	3249.33			
01/27/92		LExit	1	3241.06		–8.27	786.60
01/27/92		Sell	1	3241.06			
01/29/92		SExit	1	3257.38		–16.32	770.28
01/29/92		Buy	1	3257.38			
02/03/92		LExit	1	3219.81		–37.57	732.71
02/03/92		Sell	1	3219.81			
02/04/92		SExit	1	3233.68		–13.87	718.84
02/04/92		Buy	1	3233.68			
02/07/92		LExit	1	3263.19		29.51	748.35
02/07/92		Sell	1	3263.19			
02/10/92		SExit	1	3230.77		32.42	780.77
02/10/92		Buy	1	3230.77			
02/11/92		LExit	1	3246.20		15.43	796.20
02/11/92		Sell	1	3246.20			
02/13/92		SExit	1	3274.15		–27.95	768.25
02/13/92		Buy	1	3274.15			
02/14/92		LExit	1	3226.30		–47.85	720.40
02/14/92		Sell	1	3226.30			
02/21/92		SExit	1	3267.67		–41.37	679.03
02/21/92		Buy	1	3267.67			
02/24/92		LExit	1	3277.50		9.83	688.86
02/24/92		Sell	1	3277.50			
02/26/92		SExit	1	3261.63		15.87	704.73
02/26/92		Buy	1	3261.63			
02/27/92		LExit	1	3280.64		19.01	723.74
02/27/92		Sell	1	3280.64			
02/28/92		SExit	1	3280.64		0.00	723.74
02/28/92		Buy	1	3280.64			
03/02/92		LExit	1	3270.80		–9.84	713.90

* In Dow Jones Industrial points, not dollars.

NDX–SPX *DWI X S–Daily 01/02/91–11/30/94

Date	Time	Type	Cnts	Price	Signal Name	Entry P/L*	Cumulative*
03/02/92		Sell	1	3270.80			
03/03/92		SExit	1	3287.57		−16.77	697.13
03/03/92		Buy	1	3287.57			
03/04/92		LExit	1	3299.19		11.62	708.75
03/04/92		Sell	1	3299.19			
03/11/92		SExit	1	3225.63		73.56	782.31
03/11/92		Buy	1	3225.63			
03/12/92		LExit	1	3207.07		−18.56	763.75
03/12/92		Sell	1	3207.07			
03/17/92		SExit	1	3236.81		−29.74	734.01
03/17/92		Buy	1	3236.81			
03/20/92		LExit	1	3268.78		31.97	765.98
03/20/92		Sell	1	3268.78			
03/26/92		SExit	1	3271.47		−2.69	763.29
03/26/92		Buy	1	3271.47			
03/27/92		LExit	1	3257.83		−13.64	749.65
03/27/92		Sell	1	3257.83			
04/01/92		SExit	1	3220.04		37.79	787.44
04/01/92		Buy	1	3220.04			
04/03/92		LExit	1	3230.55		10.51	797.95
04/03/92		Sell	1	3230.55			
04/07/92		SExit	1	3283.32		−52.77	745.18
04/07/92		Buy	1	3283.32			
04/08/92		LExit	1	3194.99		−88.33	656.85
04/08/92		Sell	1	3194.99			
04/09/92		SExit	1	3193.43		1.56	658.41
04/09/92		Buy	1	3193.43			
04/13/92		LExit	1	3254.70		61.27	719.68
04/13/92		Sell	1	3254.70			
04/14/92		SExit	1	3283.54		−28.84	690.84
04/14/92		Buy	1	3283.54			
04/15/92		LExit	1	3328.26		44.72	735.56
04/15/92		Sell	1	3328.26			

* In Dow Jones Industrial points, not dollars.

NDX–SPX *DWI X S–Daily 01/02/91–11/30/94

Date	Time	Type	Cnts	Price	Signal Name	Entry P/L*	Cumulative*
04/16/92		SExit	1	3352.19		−23.93	711.63
04/16/92		Buy	1	3352.19			
04/20/92		LExit	1	3340.12		−12.07	699.56
04/20/92		Sell	1	3340.12			
04/23/92		SExit	1	3340.12		0.00	699.56
04/23/92		Buy	1	3340.12			
04/24/92		LExit	1	3350.63		10.51	710.07
04/24/92		Sell	1	3350.63			
04/30/92		SExit	1	3332.29		18.34	728.41
04/30/92		Buy	1	3332.29			
05/05/92		LExit	1	3375.45		43.16	771.57
05/05/92		Sell	1	3375.45			
05/06/92		SExit	1	3372.76		2.69	774.26
05/06/92		Buy	1	3372.76			
05/08/92		LExit	1	3372.09		−0.67	773.59
05/08/92		Sell	1	3372.09			
05/13/92		SExit	1	3390.38		−18.29	755.30
05/13/92		Buy	1	3390.38			
05/14/92		LExit	1	3389.01		−1.37	753.93
05/14/92		Sell	1	3389.01			
05/18/92		SExit	1	3369.20		19.81	773.74
05/18/92		Buy	1	3369.20			
05/19/92		LExit	1	3379.69		10.49	784.23
05/19/92		Sell	1	3379.69			
05/21/92		SExit	1	3384.08		−4.39	779.84
05/21/92		Buy	1	3384.08			
05/26/92		LExit	1	3389.62		5.54	785.38
05/26/92		Sell	1	3389.62			
05/27/92		SExit	1	3360.84		28.78	814.16
05/27/92		Buy	1	3360.84			
05/29/92		LExit	1	3405.69		44.85	859.01
05/29/92		Sell	1	3405.69			
06/01/92		SExit	1	3388.58		17.11	876.12

* In Dow Jones Industrial points, not dollars.

NDX–SPX *DWI X S–Daily 01/02/91–11/30/94

Date	Time	Type	Cnts	Price	Signal Name	Entry P/L*	Cumulative*
06/01/92		Buy	I	3388.58			
06/04/92		LExit	I	3408.80		20.22	896.34
06/04/92		Sell	I	3408.80			
06/11/92		SExit	I	3349.18		59.62	955.96
06/11/92		Buy	I	3349.18			
06/12/92		LExit	I	3379.51		30.33	986.29
06/12/92		Sell	I	3379.51			
06/15/92		SExit	I	3339.65		39.86	1026.15
06/15/92		Buy	I	3339.65			
06/16/92		LExit	I	3361.85		22.20	1048.35
06/16/92		Sell	I	3361.85			
06/18/92		SExit	I	3289.90		71.95	1120.30
06/18/92		Buy	I	3289.90			
06/19/92		LExit	I	3282.14		−7.76	1112.54
06/19/92		Sell	I	3282.14			
06/22/92		SExit	I	3278.40		3.74	1116.28
06/22/92		Buy	I	3278.40			
06/23/92		LExit	I	3289.63		11.23	1127.51
06/23/92		Sell	I	3289.63			
06/24/92		SExit	I	3286.69		2.94	1130.45
06/24/92		Buy	I	3286.69			
06/25/92		LExit	I	3298.19		11.50	1141.95
06/25/92		Sell	I	3298.19			
06/30/92		SExit	I	3325.74		−27.55	1114.40
06/30/92		Buy	I	3325.74			
07/06/92		LExit	I	3304.07		−21.67	1092.73
07/06/92		Sell	I	3304.07			
07/09/92		SExit	I	3302.19		1.88	1094.61
07/09/92		Buy	I	3302.19			
07/20/92		LExit	I	3289.50		−12.69	1081.92
07/20/92		Sell	I	3289.50			
07/22/92		SExit	I	3290.04		−0.54	1081.38
07/22/92		Buy	I	3290.04			

* In Dow Jones Industrial points, not dollars.

NDX–SPX *DWI X S–Daily 01/02/91–11/30/94

Date	Time	Type	Cnts	Price	Signal Name	Entry P/L*	Cumulative*
07/23/92		LExit	1	3287.87		−2.17	1079.21
07/23/92		Sell	1	3287.87			
07/24/92		SExit	1	3279.50		8.37	1087.58
07/24/92		Buy	1	3279.50			
07/28/92		LExit	1	3288.95		9.45	1097.03
07/28/92		Sell	1	3288.95			
08/04/92		SExit	1	3392.70		−103.75	993.28
08/04/92		Buy	1	3392.70			
08/05/92		LExit	1	3372.16		−20.54	972.74
08/05/92		Sell	1	3372.16			
08/10/92		SExit	1	3321.91		50.25	1022.99
08/10/92		Buy	1	3321.91			
08/12/92		LExit	1	3327.59		5.68	1028.67
08/12/92		Sell	1	3327.59			
08/14/92		SExit	1	3320.83		6.76	1035.43
08/14/92		Buy	1	3320.83			
08/17/92		LExit	1	3321.37		0.54	1035.97
08/17/92		Sell	1	3321.37			
08/20/92		SExit	1	3313.54		7.83	1043.80
08/20/92		Buy	1	3313.54			
08/24/92		LExit	1	3233.57		−79.97	963.83
08/24/92		Sell	1	3233.57			
08/26/92		SExit	1	3235.19		−1.62	962.21
08/26/92		Buy	1	3235.19			
08/31/92		LExit	1	3273.29		38.10	1000.31
08/31/92		Sell	1	3273.29			
09/01/92		SExit	1	3254.64		18.65	1018.96
09/01/92		Buy	1	3254.64			
09/08/92		LExit	1	3279.23		24.59	1043.55
09/08/92		Sell	1	3279.23			
09/09/92		SExit	1	3261.67		17.56	1061.11
09/09/92		Buy	1	3261.67			
09/17/92		LExit	1	3326.78		65.11	1126.22

* In Dow Jones Industrial points, not dollars.

NDX–SPX *DWI X S–Daily 01/02/91–11/30/94

Date	Time	Type	Cnts	Price	Signal Name	Entry P/L*	Cumulative*
09/17/92		Sell	I	3326.78			
09/18/92		SExit	I	3315.97		10.81	1137.03
09/18/92		Buy	I	3315.97			
09/21/92		LExit	I	3324.62		8.65	1145.68
09/21/92		Sell	I	3324.62			
09/22/92		SExit	I	3315.97		8.65	1154.33
09/22/92		Buy	I	3315.97			
09/28/92		LExit	I	3243.30		−72.67	1081.66
09/28/92		Sell	I	3243.30			
09/30/92		SExit	I	3265.18		−21.88	1059.78
09/30/92		Buy	I	3265.18			
10/02/92		LExit	I	3251.67		−13.51	1046.27
10/02/92		Sell	I	3251.67			
10/05/92		SExit	I	3176.57		75.10	1121.37
10/05/92		Buy	I	3176.57			
10/09/92		LExit	I	3167.65		−8.92	1112.45
10/09/92		Sell	I	3167.65			
10/12/92		SExit	I	3149.01		18.64	1131.09
10/12/92		Buy	I	3149.01			
10/13/92		LExit	I	3177.11		28.10	1159.19
10/13/92		Sell	I	3177.11			
10/14/92		SExit	I	3198.18		−21.07	1138.12
10/14/92		Buy	I	3198.18			
10/15/92		LExit	I	3179.81		−18.37	1119.75
10/15/92		Sell	I	3179.81			
10/16/92		SExit	I	3180.08		−0.27	1119.48
10/16/92		Buy	I	3180.08			
10/27/92		LExit	I	3252.75		72.67	1192.15
10/27/92		Sell	I	3252.75			
10/29/92		SExit	I	3254.10		−1.35	1190.80
10/29/92		Buy	I	3254.10			
11/03/92		LExit	I	3268.69		14.59	1205.39
11/03/92		Sell	I	3268.69			

* In Dow Jones Industrial points, not dollars.

BÖRSENVERLAG

Wir möchten, daß Sie mit uns zufrieden sind!

Da wir unseren Service ständig verbessern wollen, würden wir sehr gerne erfahren, wie Ihnen dieses Buch gefallen hat und mit welcher Literatur wir Ihnen in Zukunft helfen können.
Als Dankeschön für Ihre Mithilfe verlosen wir unter allen Einsenden jeden Monat eine Buchprämie (der Rechtsweg ist ausgeschlossen).
Schon jetzt vielen Dank für Ihre Bemühung.

Titel des vorliegenden Buches: _____

Wie finden Sie dieses Werk:

	+3	+2	+1	-1	-2	-3	
Verständlichkeit	-hoch ☐	☐	☐	☐	☐	☐	-niedrig
Nutzen	-hoch ☐	☐	☐	☐	☐	☐	-niedrig
Übersichtlichkeit	-hoch ☐	☐	☐	☐	☐	☐	-niedrig
Preis/Leistung	-hoch ☐	☐	☐	☐	☐	☐	-niedrig

Über welche Themen würden Sie gerne weitere Bücher lesen:

☐ Themen für Profis   ☐ Themen für Börsenanfänger
☐ Börsenbiographien   ☐ Börsenastrologie
☐ Technische Analyse   ☐ Fundamentale Analyse
☐ Handelssysteme   ☐ Derivate
☐ sonstige Themen _____

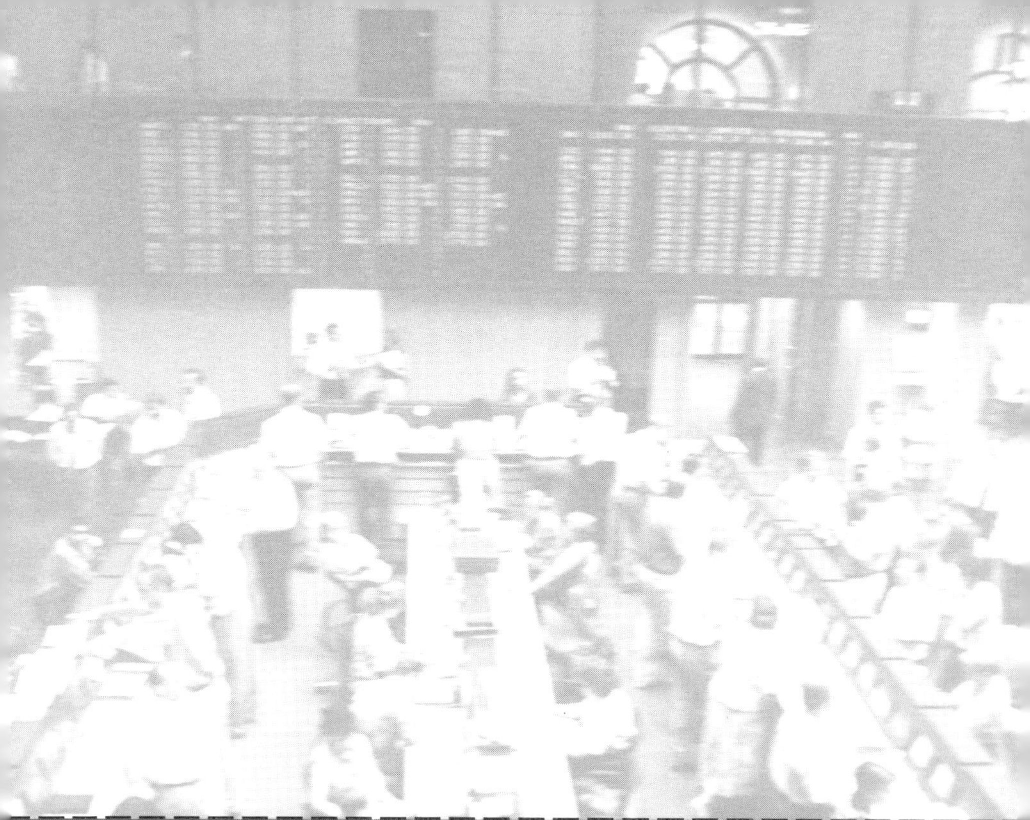

Ja, ich möchte an der Verlosung der Buchprämie
teilnehmen. Hier ist meine Anschrift:

**A
B
S
E
N
D
E
R**

Name, Vorname **TP**

Straße PLZ/Ort

Tel. *(tagsüber)* Tel. *(abends)*

Bitte
1 D
freimo
falls N
zur H
oder pe
08031/
(Rückseite nic

**An die
TM BÖRSENVERLAG AG
-Kundenservice-
Salinstraße 1**

83022 Rosenheim

ANHANG

NDX–SPX *DWI X S–Daily 01/02/91–11/30/94

Date	Time	Type	Cnts	Price	Signal Name	Entry P/L*	Cumulative*
11/05/92		SExit	1	3221.68		47.01	1252.40
11/05/92		Buy	1	3221.68			
11/12/92		LExit	1	3245.73		24.05	1276.45
11/12/92		Sell	1	3245.73			
11/16/92		SExit	1	3226.28		19.45	1295.90
11/16/92		Buy	1	3226.28			
11/17/92		LExit	1	3207.92		−18.37	1277.53
11/17/92		Sell	1	3207.91			
11/19/92		SExit	1	3214.12		−6.21	1271.32
11/19/92		Buy	1	3214.12			
11/23/92		LExit	1	3223.31		9.19	1280.51
11/23/92		Sell	1	3223.31			
11/25/92		SExit	1	3255.99		−32.68	1247.83
11/25/92		Buy	1	3255.99			
11/27/92		LExit	1	3272.75		16.76	1264.59
11/27/92		Sell	1	3272.75			
12/01/92		SExit	1	3299.22		−26.47	1238.12
12/01/92		Buy	1	3299.22			
12/03/92		LExit	1	3284.90		−14.32	1223.80
12/03/92		Sell	1	3284.90			
12/04/92		SExit	1	3285.17		−0.27	1223.53
12/04/92		Buy	1	3285.17			
12/09/92		LExit	1	3319.48		34.31	1257.84
12/09/92		Sell	1	3319.48			
12/17/92		SExit	1	3256.81		62.67	1320.51
12/17/92		Buy	1	3256.81			
12/21/92		LExit	1	3304.89		48.08	1368.59
12/21/92		Sell	1	3304.89			
12/22/92		SExit	1	3321.37		−16.48	1352.11
12/22/92		Buy	1	3321.37			
12/23/92		LExit	1	3320.56		−0.81	1351.30
12/23/92		Sell	1	3320.56			
12/24/92		SExit	1	3315.43		5.13	1356.43

* In Dow Jones Industrial points, not dollars.

NDX–SPX *DWI X S–Daily 01/02/91–11/30/94

Date	Time	Type	Cnts	Price	Signal Name	Entry P/L*	Cumulative*
12/24/92		Buy	1	3315.43			
12/31/92		LExit	1	3323.54		8.11	1364.54
12/31/92		Sell	1	3323.54			
01/04/93		SExit	1	3312.46		11.08	1375.62
01/04/93		Buy	1	3312.46			
01/05/93		LExit	1	3306.52		–5.94	1369.68
01/05/93		Sell	1	3306.52			
01/06/93		SExit	1	3303.54		2.98	1372.66
01/06/93		Buy	1	3303.54			
01/13/93		LExit	1	3254.10		–49.44	1323.22
01/13/93		Sell	1	3254.10			
01/14/93		SExit	1	3276.26		–22.16	1301.06
01/14/93		Buy	1	3276.26			
01/18/93		LExit	1	3269.50		–6.76	1294.30
01/18/93		Sell	1	3269.50			
01/21/93		SExit	1	3241.68		27.82	1322.12
01/21/93		Buy	1	3241.68			
01/25/93		LExit	1	3270.04		28.36	1350.48
01/25/93		Sell	1	3270.04			
02/02/93		SExit	1	3322.45		–52.41	1298.07
02/02/93		Buy	1	3222.45			
02/04/93		LExit	1	3398.10		75.65	1373.72
02/04/93		Sell	1	3398.10			
02/11/93		SExit	1	3418.63		–20.53	1353.19
02/11/93		Buy	1	3418.63			
02/12/93		LExit	1	3420.52		1.89	1355.08
02/12/93		Sell	1	3420.52			
02/19/93		SExit	1	3313.27		107.25	1462.33
02/19/93		Buy	1	3313.27			
02/22/93		LExit	1	3321.91		8.64	1470.97
02/22/93		Sell	1	3321.91			
02/24/93		SExit	1	3325.16		–3.25	1467.72
02/24/93		Buy	1	3325.16			

* In Dow Jones Industrial points, not dollars

NDX–SPX *DWI X S–Daily 01/02/91–11/30/94

Date	Time	Type	Cnts	Price	Signal Name	Entry P/L*	Cumulative*
03/01/93		LExit	1	3380.81		55.65	1523.37
03/01/93		Sell	1	3380.81			
03/03/93		SExit	1	3403.77		–22.96	1500.41
03/03/93		Buy	1	3403.77			
03/05/93		LExit	1	3404.58		0.81	1501.22
03/05/93		Sell	1	3404.58			
03/08/93		SExit	1	3417.82		–13.24	1487.98
03/08/93		Buy	1	3417.82			
03/09/93		LExit	1	3468.07		50.25	1538.23
03/09/93		Sell	1	3468.07			
03/10/93		SExit	1	3470.23		–2.16	1536.07
03/10/93		Buy	1	3470.23			
03/11/93		LExit	1	3472.39		2.16	1538.23
03/11/93		Sell	1	3472.39			
03/12/93		SExit	1	3428.09		44.30	1582.53
03/12/93		Buy	1	3428.09			
03/17/93		LExit	1	3436.19		8.10	1590.63
03/17/93		Sell	1	3436.19			
03/25/93		SExit	1	3446.73		–10.54	1580.09
03/25/93		Buy	1	3446.73			
03/30/93		LExit	1	3455.92		9.19	1589.28
03/30/93		Sell	1	3455.92			
03/31/93		SExit	1	3466.18		–10.26	1579.02
03/31/93		Buy	1	3466.18			
04/02/93		LExit	1	3426.47		–39.71	1539.31
04/02/93		Sell	1	3426.47			
04/06/93		SExit	1	3385.40		41.07	1580.38
04/06/93		Buy	1	3385.40			
04/07/93		LExit	1	3377.03		–8.37	1572.01
04/07/93		Sell	1	3377.03			
04/08/93		SExit	1	3405.93		–28.90	1543.11
04/08/93		Buy	1	3405.93			
04/12/93		LExit	1	3405.66		–0.27	1542.84

* In Dow Jones Industrial points, not dollars.

NDX–SPX *DWI X S–Daily 01/02/91–11/30/94

Date	Time	Type	Cnts	Price	Signal Name	Entry P/L*	Cumulative*
04/12/93		Sell	I	3405.66			
04/13/93		SExit	I	3437.00		−31.34	1511.50
04/13/93		Buy	I	3437.00			
04/14/93		LExit	I	3444.30		7.30	1518.80
04/14/93		Sell	I	3444.30			
04/15/93		SExit	I	3452.40		−8.10	1510.70
04/15/93		Buy	I	3452.40			
04/16/93		LExit	I	3465.10		12.70	1523.40
04/16/93		Sell	I	3465.10			
04/21/93		SExit	I	3446.19		18.91	1542.31
04/21/93		Buy	I	3446.19			
04/26/93		LExit	I	3407.56		−38.63	1503.68
04/26/93		Sell	I	3407.56			
04/28/93		SExit	I	3417.55		−9.99	1493.69
04/28/93		Buy	I	3417.55			
04/30/93		LExit	I	3435.65		18.10	1511.79
04/30/93		Sell	I	3435.65			
05/04/93		SExit	I	3448.89		−13.24	1498.55
05/04/93		Buy	I	3448.89			
05/07/93		LExit	I	3447.16		−1.73	1496.82
05/07/93		Sell	I	3447.16			
05/10/93		SExit	I	3442.18		4.98	1501.80
05/10/93		Buy	I	3442.18			
05/12/93		LExit	I	3462.38		20.20	1522.00
05/12/93		Sell	I	3462.38			
05/14/93		SExit	I	3449.37		13.01	1535.01
05/14/93		Buy	I	3449.37			
05/25/93		LExit	I	3508.61		59.24	1594.25
05/25/93		Sell	I	3508.61			
05/27/93		SExit	I	3553.45		−44.84	1549.41
05/27/93		Buy	I	3553.45			
05/28/93		LExit	I	3546.80		−6.65	1542.76
05/28/93		Sell	I	3546.80			

* In Dow Jones Industrial points, not dollars.

NDX–SPX *DWI X S–Daily 01/02/91–11/30/94

Date	Time	Type	Cnts	Price	Signal Name	Entry P/L*	Cumulative*
06/02/93		SExit	1	3548.74		−1.94	1540.82
06/02/93		Buy	1	3548.74			
06/07/93		LExit	1	3548.46		−0.28	1540.54
06/07/93		Sell	1	3548.46			
06/14/93		SExit	1	3513.31		35.15	1575.69
06/14/93		Buy	1	3513.31			
06/17/93		LExit	1	3511.37		−1.94	1573.75
06/17/93		Sell	1	3511.37			
06/24/93		SExit	1	3467.09		44.28	1618.03
06/24/93		Buy	1	3467.09			
06/25/93		LExit	1	3493.38		26.29	1644.32
06/25/93		Sell	1	3493.38			
06/28/93		SExit	1	3500.58		−7.20	1637.12
06/28/93		Buy	1	3500.58			
06/30/93		LExit	1	3517.46		16.88	1654.00
06/30/93		Sell	1	3517.46			
07/01/93		SExit	1	3520.51		−3.05	1650.95
07/01/93		Buy	1	3520.51			
07/02/93		LExit	1	3497.81		−22.70	1628.25
07/02/93		Sell	1	3497.81			
07/06/93		SExit	1	3489.51		8.30	1636.55
07/06/93		Buy	1	3489.51			
07/08/93		LExit	1	3480.65		−8.86	1627.69
07/08/93		Sell	1	3480.65			
07/12/93		SExit	1	3522.17		−41.52	1586.17
07/12/93		Buy	1	3522.17			
07/13/93		LExit	1	3521.31		−0.86	1585.31
07/13/93		Sell	1	3521.31			
07/14/93		SExit	1	3519.63		1.68	1586.99
07/14/93		Buy	1	3519.63			
07/15/93		LExit	1	3541.43		21.80	1608.79
07/15/93		Sell	1	3541.43			
07/21/93		SExit	1	3538.08		3.35	1612.14

* In Dow Jones Industrial points, not dollars.

233

NDX–SPX *DWI X S–Daily 01/02/91–11/30/94

Date	Time	Type	Cnts	Price	Signal Name	Entry P/L*	Cumulative*
07/21/93		Buy	I	3538.08			
07/22/93		LExit	I	3553.45		15.37	1627.51
07/22/93		Sell	I	3553.45			
07/26/93		SExit	I	3553.72		–0.27	1627.24
07/26/93		Buy	I	3553.72			
07/28/93		LExit	I	3561.83		8.11	1635.35
07/28/93		Sell	I	3561.83			
07/29/93		SExit	I	3558.20		3.63	1638.98
07/29/93		Buy	I	3558.20			
07/30/93		LExit	I	3566.02		7.82	1646.80
07/30/93		Sell	I	3566.02			
08/03/93		SExit	I	3559.87		6.15	1652.95
08/03/93		Buy	I	3559.87			
08/10/93		LExit	I	3572.17		12.30	1665.25
08/10/93		Sell	I	3572.17			
08/12/93		SExit	I	3595.08		–22.91	1642.34
08/12/93		Buy	I	3595.08			
08/16/93		LExit	I	3564.90		–30.18	1612.16
08/16/93		Sell	I	3564.90			
08/17/93		SExit	I	3586.98		–22.08	1590.08
08/17/93		Buy	I	3586.98			
08/19/93		LExit	I	3605.98		19.00	1609.08
08/19/93		Sell	I	3605.98			
08/23/93		SExit	I	3604.30		1.68	1610.76
08/23/93		Buy	I	3604.30			
08/25/93		LExit	I	3641.47		37.17	1647.93
08/25/93		Sell	I	3641.47			
08/30/93		SExit	I	3641.19		0.28	1648.21
08/30/93		Buy	I	3641.19			
09/07/93		LExit	I	3631.13		–10.06	1638.15
09/07/93		Sell	I	3631.13			
09/09/93		SExit	I	3578.04		53.09	1691.24
09/09/93		Buy	I	3578.04			

* In Dow Jones Industrial points, not dollars.

NDX–SPX *DWI X S–Daily 01/02/91–11/30/94

Date	Time	Type	Cnts	Price	Signal Name	Entry P/L*	Cumulative*
09/13/93		LExit	1	3629.18		51.14	1742.38
09/13/93		Sell	1	3629.18			
09/16/93		SExit	1	3628.62		0.56	1742.94
09/16/93		Buy	1	3628.62			
10/01/93		LExit	1	3557.36		−71.26	1671.68
10/01/93		Sell	1	3557.36			
10/05/93		SExit	1	3585.02		−27.66	1644.02
10/05/93		Buy	1	3585.02			
10/06/93		LExit	1	3585.58		0.56	1644.58
10/06/93		Sell	1	3585.58			
10/11/93		SExit	1	3586.98		−1.40	1643.18
10/11/93		Buy	1	3586.98			
10/12/93		LExit	1	3600.39		13.41	1656.59
10/12/93		Sell	1	3600.39			
10/13/93		SExit	1	3592.01		8.38	1664.97
10/13/93		Buy	1	3592.01			
10/18/93		LExit	1	3623.87		31.86	1696.83
10/18/93		Sell	1	3623.87			
10/21/93		SExit	1	3650.13		−26.26	1670.57
10/21/93		Buy	1	3650.13			
10/26/93		LExit	1	3670.81		20.68	1691.25
10/26/93		Sell	1	3670.81			
10/28/93		SExit	1	3668.30		2.51	1693.76
10/28/93		Buy	1	3668.30			
10/29/93		LExit	1	3686.74		18.44	1712.20
10/29/93		Sell	1	3686.74			
11/01/93		SExit	1	3673.33		13.41	1725.61
11/01/93		Buy	1	3673.33			
11/04/93		LExit	1	3655.72		−17.61	1708.00
11/04/93		Sell	1	3655.72			
11/08/93		SExit	1	3648.18		7.54	1715.54
11/08/93		Buy	1	3648.18			
11/15/93		LExit	1	3684.23		36.05	1751.59

* In Dow Jones Industrial points, not dollars.

NDX–SPX *DWI X S–Daily 01/02/91–11/30/94

Date	Time	Type	Cnts	Price	Signal Name	Entry P/L*	Cumulative*
11/15/93		Sell	I	3684.23			
11/24/93		SExit	I	3678.64		5.59	1757.18
11/24/93		Buy	I	3678.64			
11/30/93		LExit	I	3678.36		−0.28	1756.90
11/30/93		Sell	I	3678.36			
12/01/93		SExit	I	3707.70		−29.34	1727.56
12/01/93		Buy	I	3707.70			
12/07/93		LExit	I	3718.60		10.90	1738.46
12/07/93		Sell	I	3718.60			
12/16/93		SExit	I	3728.38		−9.78	1728.68
12/16/93		Buy	I	3728.38			
12/17/93		LExit	I	3725.58		−2.80	1725.88
12/17/93		Sell	I	3725.58			
12/21/93		SExit	I	3751.85		−26.27	1699.61
12/21/93		Buy	I	3751.85			
12/22/93		LExit	I	3753.81		1.96	1701.57
12/22/93		Sell	I	3753.81			
12/27/93		SExit	I	3768.90		−15.09	1686.48
12/27/93		Buy	I	3768.90			
12/28/93		LExit	I	3789.58		20.68	1707.16
12/28/93		Sell	I	3789.58			
12/29/93		SExit	I	3794.61		−5.03	1702.13
12/29/93		Buy	I	3794.61			
01/04/94		LExit	I	3739.16		−55.45	1646.68
01/04/94		Sell	I	3739.16			
01/05/94		SExit	I	3789.53		−50.37	1596.31
01/05/94		Buy	I	3789.53			
01/10/94		LExit	I	3824.42		34.89	1631.20
01/10/94		Sell	I	3824.42			
01/12/94		SExit	I	3855.10		−30.68	1600.52
01/12/94		Buy	I	3855.10			
01/19/94		LExit	I	3866.64		11.54	1612.06
01/19/94		Sell	I	3866.64			

* In Dow Jones Industrial points, not dollars.

NDX–SPX *DWI X S–Daily 01/02/91–11/30/94

Date	Time	Type	Cnts	Price	Signal Name	Entry P/L*	Cumulative*
01/21/94		SExit	1	3895.34		−28.70	1583.36
01/21/94		Buy	1	3895.34			
01/26/94		LExit	1	3893.09		−2.25	1581.11
01/26/94		Sell	1	3893.09			
01/31/94		SExit	1	3958.10		−65.01	1516.10
01/31/94		Buy	1	3958.10			
02/01/94		LExit	1	3976.67		18.57	1534.67
02/01/94		Sell	1	3976.67			
02/08/94		SExit	1	3919.54		57.13	1591.80
02/08/94		Buy	1	3919.54			
02/14/94		LExit	1	3894.50		−25.04	1566.76
02/14/94		Sell	1	3894.50			
02/15/94		SExit	1	3911.38		−16.88	1549.88
02/15/94		Buy	1	3911.38			
02/23/94		LExit	1	3911.66		0.28	1550.16
02/23/94		Sell	1	3911.66			
02/25/94		SExit	1	3850.88		60.78	1610.94
02/25/94		Buy	1	3850.88			
03/03/94		LExit	1	3829.49		−21.39	1589.55
03/03/94		Sell	1	3829.49			
03/04/94		SExit	1	3830.90		−1.41	1588.14
03/04/94		Buy	1	3830.90			
03/09/94		LExit	1	3853.97		23.07	1611.21
03/09/94		Sell	1	3853.97			
03/15/94		SExit	1	3863.41		−9.44	1601.77
03/15/94		Buy	1	3863.41			
03/21/94		LExit	1	3878.38		14.97	1616.74
03/21/94		Sell	1	3878.38			
03/24/94		SExit	1	3849.88		28.50	1645.24
03/24/94		Buy	1	3849.88			
03/25/94		LExit	1	3827.13		−22.75	1622.49
03/25/94		Sell	1	3827.13			
03/31/94		SExit	1	3639.71		187.42	1809.91

* In Dow Jones Industrial points, not dollars.

237

NDX–SPX *DWI X S–Daily 01/02/91–11/30/94

Date	Time	Type	Cnts	Price	Signal Name	Entry P/L*	Cumulative*
03/31/94		Buy	1	3639.71			
04/05/94		LExit	1	3649.50		9.79	1819.70
04/05/94		Sell	1	3649.50			
04/06/94		SExit	1	3683.18		−33.68	1786.02
04/06/94		Buy	1	3683.18			
04/07/94		LExit	1	3685.20		2.02	1788.04
04/07/94		Sell	1	3685.20			
04/18/94		SExit	1	3661.17		24.03	1812.07
04/18/94		Buy	1	3661.17			
04/19/94		LExit	1	3620.12		−41.05	1771.02
04/19/94		Sell	1	3620.12			
04/22/94		SExit	1	3662.95		−42.83	1728.19
04/22/94		Buy	1	3662.95			
04/29/94		LExit	1	3664.14		1.19	1729.38
04/29/94		Sell	1	3664.14			
05/03/94		SExit	1	3709.65		−45.51	1683.87
05/03/94		Buy	1	3709.65			
05/04/94		LExit	1	3715.00		5.35	1689.22
05/04/94		Sell	1	3715.00			
05/05/94		SExit	1	3707.27		7.73	1696.95
05/05/94		Buy	1	3707.27			
05/09/94		LExit	1	3648.97		−58.30	1638.65
05/09/94		Sell	1	3648.97			
05/19/94		SExit	1	3729.51		−80.54	1558.11
05/19/94		Buy	1	3729.51			
05/26/94		LExit	1	3754.68		25.17	1583.28
05/26/94		Sell	1	3754.68			
05/31/94		SExit	1	3746.37		8.31	1591.59
05/31/94		Buy	1	3746.37			
06/02/94		LExit	1	3770.68		24.31	1615.90
06/02/94		Sell	1	3770.68			
06/03/94		SExit	1	3749.14		21.54	1637.44
06/03/94		Buy	1	3749.14			

* In Dow Jones Industrial points, not dollars.

NDX–SPX *DWI X S–Daily 01/02/91–11/30/94

Date	Time	Type	Cnts	Price	Signal Name	Entry P/L*	Cumulative*
06/06/94		LExit	I	3782.37		33.23	1670.67
06/06/94		Sell	I	3782.37			
06/07/94		SExit	I	3758.06		24.31	1694.98
06/07/94		Buy	I	3758.06			
06/08/94		LExit	I	3765.75		7.69	1702.67
06/08/94		Sell	I	3765.75			
06/13/94		SExit	I	3764.41		1.34	1704.01
06/13/94		Buy	I	3764.41			
06/14/94		LExit	I	3790.09		25.68	1729.69
06/14/94		Sell	I	3790.09			
06/15/94		SExit	I	3817.05		−26.96	1702.73
06/15/94		Buy	I	3817.05			
06/17/94		LExit	I	3807.53		−9.52	1693.21
06/17/94		Sell	I	3807.53			
06/23/94		SExit	I	3725.09		82.44	1775.65
06/23/94		Buy	I	3725.09			
06/24/94		LExit	I	3690.85		−34.24	1741.41
06/24/94		Sell	I	3690.85			
06/27/94		SExit	I	3622.05		68.80	1810.21
06/27/94		Buy	I	3622.05			
06/30/94		LExit	I	3668.99		46.94	1857.15
06/30/94		Sell	I	3668.99			
07/01/94		SExit	I	3654.42		14.57	1871.72
07/01/94		Buy	I	3654.42			
07/05/94		LExit	I	3640.18		−14.24	1857.48
07/05/94		Sell	I	3640.18			
07/08/94		SExit	I	3674.50		−34.32	1823.16
07/08/94		Buy	I	3674.50			
07/11/94		LExit	I	3718.53		44.03	1867.19
07/11/94		Sell	I	3718.53			
07/12/94		SExit	I	3705.25		13.28	1880.47
07/12/94		Buy	I	3705.25			
07/15/94		LExit	I	3734.71		29.46	1909.93

* In Dow Jones Industrial points, not dollars.

239

NDX–SPX *DWI X S–Daily 01/02/91–11/30/94

Date	Time	Type	Cnts	Price	Signal Name	Entry P/L*	Cumulative*
07/15/94		Sell	1	3734.71			
07/22/94		SExit	1	3742.16		−7.45	1902.48
07/22/94		Buy	1	3742.16			
07/26/94		LExit	1	3733.09		−9.07	1893.41
07/26/94		Sell	1	3733.09			
08/01/94		SExit	1	3767.09		−34.00	1859.41
08/01/94		Buy	1	3767.09			
08/03/94		LExit	1	3788.78		21.69	1881.10
08/03/94		Sell	1	3788.78			
08/05/94		SExit	1	3745.07		43.71	1924.81
08/05/94		Buy	1	3745.07			
08/15/94		LExit	1	3774.21		29.14	1953.95
08/15/94		Sell	1	3774.21			
08/16/94		SExit	1	3767.41		6.80	1960.75
08/16/94		Buy	1	3767.41			
08/17/94		LExit	1	3798.49		31.08	1991.83
08/17/94		Sell	1	3798.49			
08/18/94		SExit	1	3769.68		28.81	2020.64
08/18/94		Buy	1	3769.68			
08/22/94		LExit	1	3744.43		−25.25	1995.39
08/22/94		Sell	1	3744.43			
08/23/94		SExit	1	3758.02		−13.59	1981.80
08/23/94		Buy	1	3758.02			
08/25/94		LExit	1	3840.58		82.56	2064.36
08/25/94		Sell	1	3840.58			
08/26/94		SExit	1	3849.97		−9.39	2054.97
08/26/94		Buy	1	3849.97			
08/30/94		LExit	1	3900.47		50.50	2105.47
08/30/94		Sell	1	3900.47			
08/31/94		SExit	1	3907.92		−7.45	2098.02
08/31/94		Buy	1	3907.92			
09/01/94		LExit	1	3899.50		−8.42	2089.60
09/01/94		Sell	1	3899.50			

* In Dow Jones Industrial points, not dollars.

NDX–SPX *DWI X S–Daily 01/02/91–11/30/94

Date	Time	Type	Cnts	Price	Signal Name	Entry P/L*	Cumulative*
09/06/94		SExit	I	3885.24		14.26	2103.86
09/06/94		Buy	I	3885.24			
09/12/94		LExit	I	3874.14		−11.10	2092.76
09/12/94		Sell	I	3874.14			
09/14/94		SExit	I	3877.17		−3.03	2089.73
09/14/94		Buy	I	3877.17			
09/15/94		LExit	I	3898.03		20.86	2110.59
09/15/94		Sell	I	3898.03			
09/16/94		SExit	I	3915.86		−17.83	2092.76
09/16/94		Buy	I	3915.86			
09/20/94		LExit	I	3920.57		4.71	2097.47
09/20/94		Sell	I	3920.57			
09/21/94		SExit	I	3875.82		44.75	2142.22
09/21/94		Buy	I	3875.82			
09/22/94		LExit	I	3863.37		−12.45	2129.77
09/22/94		Sell	i	3863.37			
09/23/94		SExit	I	3840.16		23.21	2152.98
09/23/94		Buy	I	3840.16			
09/26/94		LExit	I	3833.09		−7.07	2145.91
09/26/94		Sell	I	3833.09			
09/30/94		SExit	I	3856.98		−23.89	2122.02
09/30/94		Buy	I	3856.98			
10/04/94		LExit	I	3850.59		−6.39	2115.63
10/04/94		Sell	I	3850.59			
10/06/94		SExit	I	3788.68		61.91	2177.54
10/06/94		Buy	I	3788.68			
10/07/94		LExit	I	3773.88		−14.80	2162.74
10/07/94		Sell	I	3773.88			
10/10/94		SExit	I	3811.22		−37.34	2125.40
10/10/94		Buy	I	3811.22			
10/13/94		LExit	I	3914.51		103.29	2228.69
10/13/94		Sell	I	3914.51			
10/19/94		SExit	I	3908.79		5.72	2234.41

* In Dow Jones Industrial points, not dollars.

NDX–SPX *DWI X S–Daily 01/02/91–11/30/94

Date	Time	Type	Cnts	Price	Signal Name	Entry P/L*	Cumulative*
10/19/94		Buy	1	3908.79			
10/24/94		LExit	1	3892.98		−15.81	2218.60
10/24/94		Sell	1	3892.98			
10/25/94		SExit	1	3830.06		62.92	2281.52
10/25/94		Buy	1	3830.06			
10/26/94		LExit	1	3866.74		36.68	2318.20
10/26/94		Sell	1	3866.74			
10/27/94		SExit	1	3858.66		8.08	2326.28
10/27/94		Buy	1	3858.66			
10/28/94		LExit	1	3875.82		17.16	2343.44
10/28/94		Sell	1	3875.82			
11/01/94		SExit	1	3892.98		−17.16	2326.28
11/01/94		Buy	1	3892.98			
11/04/94		LExit	1	3855.63		−37.35	2288.93
11/04/94		Sell	1	3855.63			
11/09/94		SExit	1	3867.41		−11.78	2277.15
11/09/94		Buy	1	3867.41			
11/11/94		LExit	1	3813.92		−53.49	2223.66
11/11/94		Sell	1	3813.92			
11/14/94		SExit	1	3808.87		5.05	2228.71
11/14/94		Buy	1	3808.87			
11/23/94		LExit	1	3660.50		−148.37	2080.34
11/23/94		Sell	1	3660.50			
11/28/94		SExit	1	3708.95		−48.45	2031.89
11/28/94		Buy	1	3708.95			

Reprinted with permission of Omega Research Inc.

* In Dow Jones Industrial points, not dollars.

- GLOSSAR -

A

Absteigende Werte. Aktien, die an einem bestimmten Tag tiefer geschlossen haben.

Advance-Decline-Line. Der Unterschied zwischen den täglichen aufsteigenden und absteigenden Werten.

Ask. (Brief) Der Preis, zu dem das Wertpapier zum Verkauf angeboten wird.

at-the-money. Der Basispreis der Option entspricht dem aktuellen Kurs des Basiswertes.

Aufsteigende Werte. Aktien, die an einem bestimmten Tag höher geschlossen haben.

B

Bar Chart. Eine graphische Preisdarstellung von Eröffnungskurs, High, Low und Schlußkurs eines Wertpapiers. Die Zeit wird auf der horizontalen Achse abgetragen; der Wert des Papiers wird auf der vertikalen Achse dargestellt.

Bear-Markt. Ein Markt, in dem die Kurse per saldo sinken.

Bear-Spread. Ein Spread, der theoretisch bei einem sinkenden Preis des zugrundeliegenden Kontrakts an Wert gewinnt.

Bid. (Geld) Ein Angebot, zu einem bestimmten Preis zu kaufen.

Bull-Markt. Ein Markt, in dem die Kurse per saldo steigen.

Bull-Spread. Ein Spread, der theoretisch bei einem steigenden Preis des zugrundeliegenden Kontrakts an Wert gewinnt.

BÜCHER
FÜR
BÖRSIANER

BESTELL-COUPON

☐	ROSENHEIMER BÖRSEN-KATALOG	DM	gratis
☐	JESSE LIVERMORE DAS SPIEL DER SPIELE	DM	79
☐	JESSE LIVERMORE Mein SCHLÜSSEL zu BÖRSENGEWINNEN	DM	59
☐	Interview mit einer LEGENDE	DM	59
☐	Das GROSSE Buch der TECHNISCHEN INDIKATOREN	DM	129
☐	Das GROSSE Buch der OPTIONSSCHEINE	DM	129
☐	Das GROSSE Buch der TRADING-KONZEPTE	DM	129
☐	Der CHARTTECHNIK-LEITFADEN	DM	89
☐	MARTIN PRINGS BÖRSEN-TECHNIKEN	DM	119
☐	Die TOP-TRADER	DM	98
☐	GEDANKEN EINES KLEINSPEKULANTEN	DM	39
☐	Die BÖRSENHÄNDLER	DM	54
☐	MONEY DREAMS	DM	119
☐	Wie ich mein GELD an der BÖRSE verdreifachte	DM	98

Ab einem Bestellwert von 140.- DM erfolgt die Auslieferung portofrei, darunter mit einem Versandkostenanteil von 8.- DM.

Bitte liefern Sie mir die umseitig angegebenen
Artikel an folgende Adresse

ABSENDER

Name, Vorname   **TP**

Straße   PLZ/Ort

Tel. *(tagsüber)*   Tel. *(abends)*

Mein Zahlungswunsch

☐ bequem und bargeldlos per Bankeinzug

Bitte geben Sie hier Ihre Bankverbindung an!

Bankinstitut

BLZ   **Konto**

☐ bereits vorhandener Bankeinzug
☐ per beiliegendem Scheck
☐ per Nachnahme (zuzügl. NN-Gebühr)

**An die
TM BÖRSENVERLAG AG
-Kundenservice-
Salinstraße 1**

83022 Rosenheim

C

Call - Kaufoption. Der Optionskäufer erwirbt das Recht, eine bestimmte Menge des Kontraktgegenstandes (Basiswert) innerhalb eines festgelegten Zeitraumes (Laufzeit) zu einem bei Vertragsabschluß vereinbarten Preis (Basispreis) zu kaufen.

Cash-Markt. Ein Markt, auf dem das tatsächliche Wertpapier / der tatsächliche Rohstoff auf ausgehandelter Basis gekauft oder verkauft wird.

CBOE OEX Volatility Index (VIX). Ein Index, der die Markteinschätzung der zukünftigen Volatilität wiedergibt, basierend auf „at-the-money"-Quotes der OEX-Index-Optionen.

Commercial. Ein Unternehmen/Eine Institution, die Hedging in den Rohstoffmärkten betreibt, da es die Rohstoffe zur Produktion von Gütern verwendet.

Connors-Hayward Advance-Decline Trading Pattern (CHADTP). Ein Indikator, der kurz- und mittelfristig überkaufte und überverkaufte Bereiche am Aktienmarkt anzeigt.

D

Day Order. Eine nur tagesgültige Order, ein Wertpapier zu kaufen oder zu verkaufen.

Day Trader. Ein Spekulant, der Marktpositionen einnimmt und diese am Schluß desselben Handelstages wieder ausgleicht.

F

Fair Value. Der Fair Value eines Index-Futures-Kontraktes entspricht dem Preis des zugrundeliegenden Wertes.

G

Gap Opening. Ein Opening mit einem Gap nach oben tritt auf, wenn der aktuelle Eröffnungskurs über dem High des Vortages liegt. Ein Opening mit einem Gap nach unten tritt auf, wenn der aktuelle Eröffnungskurs unter dem Low des Vortages liegt.

Globex. Eine elektronische Handelsbörse, die von der Chicago Mercantile Exchange entwickelt wurde.

H

Historische Volatilität. Die Standardabweichung der in regelmäßigen Zeitabständen bestimmten logarithmischen Preisveränderungen.

I

Implizite Volatilität. Die mathematische Berechnung der Volatilität, die anhand der auf dem Markt bezahlten Optionspreise unter Verwendung eines (von einer Reihe) möglichen Preismodells berechnet wird.

Index-Option. Eine Kauf- oder Verkaufsoption, deren zugrundeliegender Wert ein Index ist.

Inside Day. Ein Tag, bei dem das High unter dem Vortages-High liegt und das Low über dem Vortages-Low notiert.

in-the-money. Eine Option mit innerem Wert. Bei einem Call liegt der Kurs des zugrundeliegenden Papiers über dem Basispreis; bei einem Put liegt dieser unter dem Basispreis.

K

Kontraktmonat. Der Monat, in dem die Verpflichtung zur Lieferung oder zum Bezug des Underlyings bei einem Futures-Kontrakt erfüllt werden muß.

L

Leerverkauf. Short-Position. Der Verkauf von Wertpapieren, Waren oder Devisen, die sich noch nicht im Besitz des Verkäufers befinden, meist mit der Absicht, sie nach sinkenden Preisen später billiger erwerben zu können.

M

Market Order. Eine Order, die beim Erreichen des Floors zum bestmöglichen Preis ausgeführt wird.

Market On Close (M.O.C.). Eine zum aktuellen Marktpreis nahe dem Close des Handelstages ausgeführte Order.

Momentum/Growth Stock. Eine spekulative Aktie, die voraussichtlich schnell an Wert gewinnt. Wird gewöhnlich mit hohem Kurs/Gewinn-Verhältnis gehandelt.

N

NASDAQ 100 (NDX). Ein nach Marktkapitalisierung gewichteter Index der 100 stärksten OTC-Werte.

O

Option. siehe Call, Put

Order Imbalance. Ein Überschuß an Kauf- oder Verkaufsorders, die ein Zusammenführen einer Order mit ihrer Gegenseite unmöglich macht. Tritt typischerweise nach unerwarteten Nachrichten/Ereignissen auf.

out-of-the-money. Eine Option ohne inneren Wert. Bei einem Call liegt der Basispreis über dem aktuellen Marktpreis des Basiswerts; bei einem Put liegt der Basispreis unter dem aktuellen Marktpreis des Basiswerts.

P

Price Persistency. Anhaltende Stärke oder Schwäche einer Preisbewegung in einem Markt.

Put. Verkaufsoption. Der Optionskäufer erwirbt das Recht, eine bestimmte Menge des Kontraktgegenstandes (Basiswert) innerhalb eines festgelegten Zeitraumes (Laufzeit) zu einem bei Vertragsabschluß vereinbarten Preis (Basispreis) zu verkaufen.

S

Scalper. Ein Spekulant, der von relativ kleinen Preisänderungen profitieren will (Arbitrageur).

Schreiben. Eine Option verkaufen, als Stillhalter auftreten.

Sector Index. Ein gewichteter Index einer Gruppe von Werten gleicher Charakteristik.

Sell Off. Absinken des aktuellen Marktniveaus aufgrund von Verkäufen.

Settlement-Preis. Die auf Basis der Börsenentwicklung täglich vorgenommene Bewertung von Optionen. Gilt auch als Grundlage für die Errechnung der Marginleistung bei Futures.

Short. Eine aus dem Verkauf eines Kontraktes resultierende Position.

Specialist. Ein Market Maker, der das alleinige Recht besitzt, in einem bestimmten Wert den Markt zu stellen, das heißt, verbindliche Geld- und Briefkurse festzulegen.

Spekulant. Ein Anleger, der bereit ist, für mögliche höhere Profite ein größeres Risiko einzugehen.

Standardabweichung. Quadratwurzel der Varianz. Gibt ein Maß für die Größe der Abweichung vom Mittelwert an.

Stop-Order. Eine Order, an einem Markt zu kaufen oder zu verkaufen, wenn ein bestimmter Wertpapierkurs erreicht bzw. über- oder unterschritten wird. Eine Sell-Stop-Order wird bestens ausgeführt, sobald der Kurs ein gesetztes Limit unterschreitet. Eine Buy-Stop-Order wird billigst ausgeführt, sobald der Kurs ein gesetztes Limit überschreitet.

Straddle. Kauf oder Verkauf einer identischen Anzahl von Puts und Calls mit gleichem Basiswert, Basispreis und Verfallsdatum.

Strike Price. Basispreis. Der Preis, zu dem der einer Option zugrundeliegende Wert bei Ausführung geliefert wird.

T
Tick. Die kleinste Preisveränderung eines Wertpapiers oder eines Kontrakts.

Trailing Stop. Ein Stop, der sukzessive zur Absicherung des entstandenen Buchgewinns „hinterhergezogen" wird, wenn sich das Engagement in die erwartete Richtung bewegt.

U

Überkauft. Die subjektive Einschätzung, daß die Preise sich auf einem übermäßig hohen Level befinden.

Überverkauft. Die subjektive Einschätzung, daß die Preise sich auf einem übermäßig tiefen Level befinden.

Undeniable. Ein Reversal-Pattern, das zum Identifizieren von Wendepunkten in Aktienindizes eingesetzt wird.

Underlying. Der dem Optionskontrakt zugrunde liegende Basiswert.

V

Verzögertes Opening. Ein beabsichtigtes Hinausschieben des Openings eines Wertes. Normalerweise das Resultat einer unerwarteten Entwicklung vor der Eröffnung, die eine Flut von Kauf- oder Verkaufsorders auslöst.

Volatilität. Das Maß für die historische oder implizierte Schwankungsbreite des Kurses eines bestimmten Wertpapiers.